図説
物部長穂

川村公一

JN057361

無明舎出版

序

　物部長穂（もののべながほ・明治
21～昭和16年・1888～1941）は、秋
田県横手盆地の北部、大仙市協和町境
（旧荒川村）の累代由緒ある唐松神社
宮司・**物部長元**（第六〇代当主）、**寿
女**（スメ）の二男として誕生。

　朝日尋常小学校、秋田中学校、仙台
の官立第二高等学校（東北大学の前身）
を経て、明治44年（1911）東京帝国
大学工科大学土木工学科で学び首席
（恩賜の銀時計組）で卒業する。

　同年、請われて鉄道院総裁官房勤務
（橋梁関係）の技手として、技術者と
しての第一歩を歩む。卒業研究でまと

物部長穂
（唐松神社・物部家所蔵）

めた信濃川にかかる鉄道橋、『新潟萬
代橋基本設計』（Calculation for Designing Bantai Bashi at Niigata Part1）
の詳細な設計を完結させる。

　翌大正元年（1912）、鉄道院での業績が高く評価され、内務省土木局に
抜擢されて異動任官。その後、大正15年（1926）土木試験所長（勅任官）
を歴任し母校東京帝国大学教授も兼任した。

　技術官僚の河川技術者・研究者・教育者として数おおくの業績を残し、
土木工学の学術発展の礎をきずき、高等教育に一生を捧げた。

　長穂は、大雨による河川への流入量の公式、河川や水路の水の流れなど、
それまで確立されていなかった「水理学」という新しい学問分野を体系づ
けた。河川の最上流の水源から河口まで、大きな本流や、そこに流れ込む
中小河川の支流まで、水害を防御するため堤防の構築、土砂の流出抑制の
砂防ダムや河口港の土砂堆積対策など、河川改修計画の基本となる「水系
一貫の河川計画管理」と多目的ダムを組み合わせた「多目的ダム論」によ

る河川開発など、今日の河川行政の根幹をなす基本理念を提唱した。

　さらに、地震動の揺れによる各種構造物の被害をくいとめるため、地震力をどのように評価して算定すれば、安全な構造物を設計できるのか。「耐震工学」という前人未到の学問分野も開拓した。それまで、地震による構造物の揺れかたは未解明で、地震対策での設計の考えかたは確立されていなかった。その業績は、当時、世界最高水準のレベルで、その設計理論は現在にいたっても重要な位置をしめている。物部耐震理論によって、100mを超える高いダムや超高層建築物の建設が可能となった。

　公職で、技術官僚の河川技術者、大学教授を兼任し教壇にたった教育者の二役を、研究分野でも水理学と耐震工学という全く異質な二分野で研究業績を残した学者である。その研究は、大正9年（1920）から昭和9年（1934）までのわずか15年間の短期間で、あらゆる海外の最新研究や論文に目をとおし、湧きでるアイディアと総合力で、現在でも考えられない速度と精度で「水理学」や「耐震工学」の先覚者として、土木工学分野の礎をきづいた。100年に1人、出るか出ないかの逸材、至宝、天才で、その業績は現在でも巨星のごとく輝いている。

　長穂の業績は、技術者、学術研究の学者の顔だけではなかった。水系一貫の河川計画管理、多目的ダム論、耐震工学という、科学、技術と社会の関係性に着目したことにある。

　水害は人びとの生命と生活や財産に壊滅的な打撃をあたえ、地域社会に甚大な影響をおよぼす。地震による震災も同様である。国家の社会経済発展の基盤を形成する社会資本をになう土木事業の建設技術がどうあるべきか、その基本理念を提唱したことにある。そのため、自然現象を解明するため、基礎的な科学的知見から応用発展させた水理学や耐震学の分野に着目したのは、当然の帰結といえよう。

　郷土の偉人、物部長穂の生き方や業績から多くのことを学ぶことができる。物部家の系譜、長穂の人となり、経歴や業績などその生涯たどってみたい。

図説
物部長穂
●
目次

目　次

コラム目次

秋田物部文書

昭和59年（1984）1月、進藤孝一著『秋田「物部文書」伝承』（無明舎出版）が公刊された。本書は、秋田県大仙市協和町境に鎮座する唐松神社の社主・物部家に代々伝わる神宝、古文書、千数百年にわたって他言することのなかった門外不出の秘伝の古史古伝の文書を紹介。

唐松神社第六二代宮司の**物部長照**（長穂の兄弟で五男）の英断による。公開にあたって長照は、神格を危惧する心配もあるが、遠い昔の人びとや神職が、どのようなときに神にたいして何を祈ってきたのか、古代人の信仰心を知るうえでの道しるべになる、として公開に踏みきった。

進藤孝一著
『秋田「物部文書」伝承』

この文書が注目された理由は、古代豪族・物部氏の祖神**饒速日命**（にぎはやひのみこと）が天の鳥船に乗って鳥見山（とみやま・鳥海山）をめざして天降りしたと記されている。また、秋田物部氏がのちに西進して、神武東征前すでに東国を統治していたという。神武天皇が東征をはたした時点で、帰順の印として東国を物部氏は神武天皇に献上し、河内国大和に移住したという伝承など。日本の正史といわれる『古事記』や『日本書紀』に一石を投じる内容。

物部家に伝わる文書は

　　　『韓服宮（からまつのみや）物部氏記録』
　　　『韓服神社並ニ物部氏記録略写』
　　　『物部氏記録略写』
　　　『韓服神社祈祷禁厭（まじない）之伝』
　　　『物部家系図』

が所蔵されていることが確認されている。

饒速日命

　神々の系譜をたどると、民衆レベルの神々もふくまれるが、一方で、特定の古代の地方氏族とむすびつく氏神・祖神も登場している。

　山の神、水の神など民衆の神とはことなり、これらの神々は、天皇家と地方の有力豪族の関係で、古代史が神代史に置き換えられて語られている部分がおおいから、とされている。

鳥海山（標高 2236m）
（撮影・初瀬武美）

　古代の豪族・物部氏の祖神は饒速日命とされる。物部氏は、大和朝廷時代に大伴氏とともに物部を率いる伴造（とものみやつこ）として軍事を担当。氏姓時代には朝廷の軍事・刑獄を司った集団。「もの」とは「つわもの」、すなわち武器・兵器を意味し、語源をさかのぼれば「もののけ」の「もの」つまり霊魂のことで、祭祀にも深い関係をもっていた。

　物部氏の祖神、饒速日命の正式な御名は「天照国照彦火明櫛玉饒速日命」（あまてるくにてるひこほあかりくしたまにぎはやひのみこと）という大変立派な名前。天照国照とは、その威光が天・地・海あまねくいきわたる意味。火明は、太陽神の性格をもつ神で、皇祖神にちかい神。古代においては髪飾りや櫛が魔除や神霊がやどると考えられていた。その神霊と魂の玉がむすびつき、櫛玉となった。饒速は農作物の豊穣を願うという意味。饒速日命は、天皇家の祖神にきわめて近い縁戚の天界地界を支配する強力な霊力をもった豊穣の神。饒速日命という神は、天照御大神と須佐之男命の宇気比（うけひ・神に誓ってことの正否をきめる呪礼）によって誕生した天忍穂耳命（あめのおしほみみのみこと）の子であるとされる。

　つまり、天皇家の祖神とされる天照御大神の血をひく神で、物部氏は天皇家の霊統に属していることになる。

6

膽咋連

物部氏系図
（『物部氏の伝承』より）

饒速日命 ━ 宇摩志麻治命

御炊屋姫

彦湯支命 ━ 出石心大臣

大矢口宿禰 ━ 大綜杵命

伊香色雄命 ━ 十市根命

膽咋宿禰 ━ 五十琴宿禰連

伊莒弗連 ━ 目大連

荒山連 ━ 尾輿連

守屋大連 ━ 雄君連

※守屋のもう一人の子が那加世か。

『秋田「物部文書」伝承』より

　長穂の生家、唐松神社はもともと韓服（からまつ）神社と記していた。秋田物部氏の系図の鼻祖として最初に現れるのが**膽咋連**(いくいのむらじ)宿禰という。饒速日命から数えて八代あとの人物。

　第一四代仲哀天皇時代（西暦 200 年ころ）、物部膽咋連が三韓征伐に従軍し、そのときに神功（じんぐう）皇后が使った御腹帯を膽咋連宿禰が神宝として拝受。神功皇后と膽咋連が唐松大神、迦具土大神（かぐつちのおほかみ）を崇敬し、韓服宮神社に祀った故事からとされる。

　神功の諡号は、息長帯比売命（おきながたらしのみこと）（『古事記』）、息気長足姫尊（おきながたらしひめのみこと）（『日本書紀』）という。「息気長足姫尊」は神功皇后。神功皇后の三韓征伐に武内宿禰（すくね）とともに加わったのは膽咋連。神功皇后は実在しない架空の人物ともいわれ、一説には皇后が神がかりの女帝であることから、真偽のほどは定かでないが卑弥呼ではないかとも考えられる、とされている。

秋田物部の祖・那加世

　『韓服宮物部氏記録』の伝承では、蘇我・物部両氏の抗争で敗れた物部守屋の一子である**那加世**は、物部尾輿の下臣で捕鳥男速（とっとりのおはや）に隠まわれて蝦夷地へ逃げのびた。その時代は、蘇我・物部抗争終結の用明天皇2年（587）から少し遅れたころ。その経緯を『物部家系図』では、物部贍昨連の後、四代は省略され、蘇我・物部抗争に関係のある物部尾輿が系図上にあらわれる。尾輿の後継者は守屋大連であるが系図では守屋を省いて那加世を詳しく記している。

　　　　用明天皇二年、厩戸皇子、蘇我馬子カ為ニ滅亡シ尾輿の臣、捕鳥男
　　　　速、守屋ノ一子那加世三歳ナルヲ懐ニシテ奥州ニ逃ケ下リ姓ヲ包ミ
　　　　名ヲ改メ処々ニ隠シ住ム

とあり、この那加世を秋田物部氏の祖としている。物部文書の伝承から、秋田物部氏が鳥見山（鳥海山）に天降りしたのち西進して大和物部となり最後に故地の秋田へ定住したのは、以下のことが推察される。

1. 秋田物部氏は大陸から高度な祭祀・呪術・武術などをもって日本海をわたり秋田に定住した。その後、大和に西進し、大和物部となった。蘇我・物部の抗争で敗れて大和をおわれ、物部守屋の末裔が故地秋田に転任し、定住した。

2. 大陸北方系騎馬民族が朝鮮半島を経由して日本列島にわたり、畿内に進入し、大和物部氏となった。秋田物部氏が西進したあと大和物部氏と合体し、大和物部氏となった。その後、蘇我・物部の抗争で敗れて大和をおわれ、物部守屋の末裔が故地秋田に転任し、定住した。

3. 本来、物部氏は単一豪族の大和物部氏であったが、蘇我・物部の抗争で敗れた物部守屋の末裔が秋田に転任し、定住した。物部氏は祖先からの天降り伝承などを秋田の土地に付会させ、秋田物部の伝承をつくった。

　いずれにせよ、長穂の系譜は、大和朝廷の時代、政治の中枢で活躍した大和物部氏の流れをくんでいる。（コラム1・鳥海山）

鳥海山起こし立て絵図
（『鶴岡の歴史』より・エビスヤ書店）

鳥海山山頂の県境
（『秋田県大百科事典』より・秋田魁新報社）

　現代の地理学で東北地方の最高峰は、尾瀬沼の北側に聳え立つ福島県の燧ヶ岳（標高2346m）。その昔、鳥海山（標高2236m）が東北地方で一番高い山と考えられていた。独立峰の山容から「出羽富士」とも呼ばれ、山岳宗教・修験道の霊場でもあった。

　元禄14年（1701）、鳥海山の大物忌神社再建をめぐり、矢島藩と庄内藩で山頂の社領争いがおきた。お互いに自領を主張して双方とも譲らない。このため、宝永元年（1704）、幕府は巡検目付の杉山安兵衛らを派遣し、実地検分をおこなうことを決定した。

　矢島藩から渡辺図書、庄内藩から加藤大貳が立ち会っている。どうしても山岳宗教のシンボルである鳥海山山頂を自領にしたい庄内藩は、あらかじめ矢島藩に密偵を送る。矢島藩がもっていた古文書に、境界線には炭俵が埋めている情報を入手。実地検分の前日の夜、ひそかに数百人の武士・足軽が突貫で炭俵を埋めたという。さらに、境界線の鳥瞰図である「起こし立て絵図」まで作成した。

　つくられた物的証拠から、鳥海山山頂の社領は庄内藩の領土となる。後日、炭俵が新しいことを発見した渡辺図書は、その１年後、恨みが忘れられず、加藤大貳宅におしかけ式台で切腹して果てたという。

　山頂付近の県境の不自然な直線形は、歴史的な背景があった。

物部氏の秋田定着

　『韓服宮物部氏記録』の伝承によれば、蘇我・物部両氏の抗争で敗れた物部守屋の一子である那加世は、物部尾輿の臣である捕鳥男速に隠まわれて蝦夷地へ逃げのびたという。

　その時代は、蘇我・物部抗争終結の用明天皇2年（587）から少し遅れたころ。そして、最後に韓服林にたどりついた。

　この韓服林の地は、神話時代の太古に物部氏の祖神饒速日命が鳥見山に天降りし、この逆合の日殿山に天神、地祠を祀ったところ。また、神功皇后の三韓征討の折にも神功皇后と物部膽昨連が神々を祀ったところでもある。この地は、物部家にとっては聖地であり、そこに定住したという。

　『物部家系図』や同家の口碑では、蘇我・物部抗争終結の用明天皇2年（587）から395年後の天元5年（982）、故地秋田の逆合の韓服林に居住したとしている。大和をおわれた物部氏の子孫は、何代かを経て北陸を経由し、出羽国仁賀保（秋田県由利郡）に隠れ住んでいた。その後、平将門の乱を避けた物部長梶は、天慶2年（939）に出羽国平鹿郡八沢木の保呂羽山に転任した。そこで天慶2年から天元5年（982）までの43年間にわたって住んでいたという。そして、天元5に長梶の子の長文（第二三代）が出羽国境の月出野に転住したと系図に記されている。保呂羽山の山頂には、式内社の波宇志別（はうしわけ）神社が鎮座している。同社は、『延喜式神名帳』に記録されている由緒ある神社。波宇志別神は、昔から農民から崇敬を集めており、開拓当時の農業神、または地方豪族の首長の波宇志別を祀ったものではないかと考えられている。

　長文が逆合の地に転任した経緯の記述は、神功皇后と那加世が社殿を造営した韓服林に社殿を再建し、天地創成の神、天神祇の諸神を祀った。また、長徳2年（996）に物部家の氏神である「火結の神」（愛宕大神）を祀ったと記している。

　秋田物部氏が鳥見山（鳥海山）に天降りしたのち、西進して大和物部となり、最後に故地の秋田へ定住したという伝承である。

秋田物部家系図

物部膽咋連 ————（四代略）———— 尾輿

1 那加世 ― 2 那加良 ― 3 那加養 ― 4 那加男 ― 5 那加足 ― 6 那加矢 ― 7 那加斐 （一代略）

8 那加坂 ― 9 那加息 ― 10 那加宅 ― 11 那加波良 ― 12 那加武 ― 13 長石 ― 14 長富

15 長民 ― 16 長隼 ― 17 長守 ― 18 長角 ― 19 長臣 ― 20 長處 ― 21 長根 ― 22 長梶 ― 23 長文

24 長秀 ― 25 長頼 ― 26 長国 ― 27 明海 ― 28 大智 ― 29 長友 ― 30 長実 ― 31 長久 ― 32 長寿

33 長秋 ― 34 長俊 ― 35 長道 ― 36 長季 ― 37 長儀 ― 38 長春 ― 39 長峰 ― 40 長任 ― 41 長安

42 長村 ― 43 長明 ― 44 長里 ― 45 長親 ― 46 長勝 ― 47 長風 ― 48 長正 ― 49 長直 ― 50 長豊

51 宥傳 ― 52 宥昌 ― 53 客手 ― 54 来覚 ― 55 宥栄 ― 56 祇傳 ― 57 良松 ― 58 松翁 ― 59 長之

60 長元 ― 61 長久 ― 62 長照 ― 63 長仁 （現宮司）

『秋田「物部文書」伝承』より

　長穂は、秋田物部氏の祖・那加世から数えて第六〇代唐松神社宮司・物部長元の二男ということになる。

物部文字

　物部文字は、唐松神社に伝わる最も古い文書の『天津祝詞』のなかに記されている。末尾に文治4年（1188）の年号があることから、古代から伝承されてきたものをこの時代に書き改められたもの、とされている。

　物部文字は、アヒルクサ文字という字体で記され、字数は48字。アヒルクサ文字の字体は、春日文字、琉球神道史の十二支に似ており、形のうえではヒフミのアヒルクサ文字に酷似している。

　ヒフミヨイムナヤコトは一から十までの数詞、モは百、チは千など、ヒフミの誦文の意味が

『秋田「物部文書」伝承』より

あり、物部家では先祖から秘伝というかたちで受け継がれてきた祝詞。

　『韓服神社祈祷禁厭之伝』は、天津祝詞乃太詞、ヒフミ唱文、身曽岐祓（みそぎはらい）、鎮魂（たましずめ）、授子安産、霊振り、民間療法などを伝える文書。このなかで、天津祝詞乃太祝詞、鎮魂、霊振りの神伝は、古代人の信仰や心情をうかがい知ることができ、さらに、古代祭祀を研究するうえで大変貴重な史料とされている。

　物部家に伝わる天津祝詞乃太祝詞と大祓を比較すると、物部氏の場合、律令国家の政治的な影響をうけていない時代の祝詞。神話の要素を多分に含んでいる。このことから、物部氏の祝詞は、かなり古い時代につくられたものと考えられ、この祝詞が伝承されていった特徴をもつ。

唐松城

現在の唐松神社のすぐわきを清流の淀川が流れ、この淀川を挟んだ対岸に比高約 60m 唐松岳（日殿山）がある。この唐松岳のすそ野の台地に、中世の館「唐松城」があったとされる。

伝説によると、平安時代末期、陸奥の郡之司で

中世の館「唐松城」

あった安倍貞任（さだとう）の弟境講官照（かんじょう）がここに館を築き一帯を支配していた。康平 6 年（1063）の前九年の役で源頼義・義家の攻撃にあい落城したという。中世末期には、この付近は安東・戸沢・小野寺の各氏勢力があい拮抗し、覇を競うことになる。淀川を挟んで秋田寄りの地帯は安東氏の勢力下にあったことから、唐松城はある時期において安東氏の最前線基地であったと考えられている。天正 15 年（1587）に戸沢盛安（もりやす）と安東愛季（ちかすえ）がここで激突した。世にいう「唐松合戦」。安東氏は領土に攻めいれられることなく、戦国大名の地位を確固たるものにし、佐竹氏入部までこの地一体を支配した。

現在、このような伝説や歴史をもとに中世の館「唐松城」が復元され、「物部長穂記念館」や淀川を挟んだ対岸の唐松神社などとともに、付近一帯は「まほろば唐松公園」として整備されている。

館内には、秋田県内で唯一の「能楽殿」がある。現存最古の京都西木願寺の北能舞台を模して建造された。正面には立派な二本の柱があり、舞台背面には若い松が描かれている。野外で演じられる能本来の姿にふさわしい堂々たる舞台。

一流演者による「定期能」講演、茶会や短歌、俳句の句会、民謡や踊りなど、文化活動の拠点として利用されている。

菅江真澄が見た境村

菅江真澄（宝暦4～文政12年・1754～1829）は、自然・民俗・歴史・考古・宗教・文学などの観察記録家。生地は三河国（愛知県豊橋市）。真澄は29歳のとき、天明3年（1783）に故郷三河国を出発し、生涯旅人としての決意で北を目指して旅立った。

秋田の地に腰を落ちつけたのが享和元年（1801）の冬。それ以後は主に秋田領内ですごす。没したのは、仙北郡の地誌編纂中の文政12年（1829）。

真澄の著作は全体で約220冊にのぼる。その内容は、日記50点、地誌60点、随筆50冊、雑葉集約60冊などがある。「真澄遊覧記」と総称されるこれらのなかに、秋田藩内の地誌を

唐松神社
菅江真澄『月ノ出羽路』より
（秋田県立博物館写本集）

記した『雪ノ出羽路』、『月ノ出羽路』、『花ノ出羽路』の三部作などがとりわけ学術的に価値が高い史料と評価されている。

文政9年（1826）の春、『月ノ出羽路』（『菅江真澄全集』第7巻、未来社）で境村（邑）や唐松神社の由来についての記述があり、当時の村の様子などを知ることができる。

享保のころ（1716～1736）には町並みの体裁もととのい、家数85軒を数えている。また、「内一軒寺」とはあるのは唐松山光雲寺（唐松神社）であり

> 四月八日唐松権現祭。仙北ノ郡郷の里に在り、別当修験光雲寺。安産の神也とて六郡のみならず、遠方よりも女児参り湊ふ事群をなすといへり。

と、その当時から安産子安の神として広く信仰を集めていた。

落馬した藩主

唐松神社を参詣すると34段の石段をくだって拝殿につくという全国的にみても極めて風変わりで珍しい、周囲より低い窪地での造りとなっている。

その経緯は、『物部文書』の第三代**佐竹義処**（よしずみ）藩主の落馬伝説にみることができる。

唐松神社

唐松神社は秋田の初代藩主の**佐竹義宣**（よしのぶ）以来嵩敬された格式高い神社。佐竹藩主が羽州街道を経て唐松神社前を通過するとき、一里（約4km）手前の松原峠には下馬札があり、馬を降りて神社を通りすぎる慣わしとなっていた。

延宝8年（1680）、藩祖以来の故事、供者の進言にもかかわらず第三代藩主義処は、義宣時代からつづいていた慣例を破って、乗馬したまま通過しようとした。すると、馬は何かに驚き突然棒立ちとなり、義処は落馬して地面に叩きつけられた。落馬に激怒した義処は、唐松岳山上に鎮座していた社殿を現在の下台の窪地におろした。それでも気がおさまらず、社殿を格子付きの鞘堂のなかに押しこめたという。その後、義処には悪いことが重なったため、自らの非を悟った。そして、唐松大神の閉門を解き、祭祀料を与えるなど手厚く崇敬したという。

義処は延宝8年（1680）、唐松岳に放置していた社殿を現在の窪地に再建した。窪地に神社を再建したことは珍しい。落馬の事実があったかどうかは別として、実のところ神の崇敬に対する昇華した伝承として、信者に語り継がれたものと考えられる。

その落馬事件のあと、唐松神社を藩内で唯一の「女一代守神」に指定している。

唐松神社

唐松神社の拝殿のなかに置かれている
奥殿は、一間社流造（ながれづくり）で、
屋根は杮葺、四隅には丸柱が用いられて
いる。正面と側面の三方には高欄付きの
廻し縁があり、正面には六段の階段が設
けられている。斗拱（ときょう）や軸部
の構造技法、簡素ながらも優美な装飾な
どから、室町時代末期の建造と考えられ
ている。また、古くから伝来した木造獅
子頭（秋田県最古の蛇頭神楽面）がある。
全体が古様で薄型の黒漆塗りで口と目の
まわりは朱塗り。室町時代末期の様式を
伝えている。義処の息女、久姫が無事男
児を出産し、感謝の報恩をもって獅子頭
を奉納した、という伝承がある。

唐松神社参道の杉並木

　二の鳥居から社殿にいたる参道の両側には杉並木がある。推定樹齢約
400 年、樹高 45m、最大のものは目通幹囲 4.3m もある。藩主義処の時代、
参道の両側には日光街道と同時期に杉が植えられたといわれる。秋田県内
でみられる数少ない代表的な杉並木。

　これらは歴史的に史料価値が高いため、秋田県指定の文化財、天然記念
物に指定されており、所有者は唐松山天宮。

　　有形文化財（建造物）

　　　　唐松神社　奥殿　一棟　昭和 48 年（1973）12 月指定

　　有形文化財（工芸）

　　　　木造獅子頭　　　一頭　昭和 50 年（1975）4 月指定

　　天然記念物

　　　　唐松神社の杉並木　　　昭和 48 年（1973）12 月指定

　　所在地　　　秋田県大仙市協和町境字下台 86 − 91

長穂の父母

明治時代にはいり、第五九代**物部長之**（長穂の祖父）のとき、「神仏混合廃止令」によって唐松山光雲寺は廃寺となるが、郷社愛宕神社の祠官となる。明治13年（1880）に唐松神社は郷社となり、愛宕神社は物部家の邸内社となった。

長穂の父親である**物部長元**は物部家第六〇代目にあたる当主。安政3年（1856）に生まれる。長元は、佐竹藩士西野信一郎の弟。明治9年（1876）、20歳のときに先代長之の長女**寿女**（ス

父長元と母寿女
（撮影協力・物部長穂記念館）

メ）に入夫（旧民法で戸主である女性と結婚してその籍にはいることで、現在でいう入り婿）。明治28年（1895）、39歳のときに社司となる。昭和9年（1934）9月9日、長穂46歳のときに78歳で逝去する。

長元は、勤行前には心身を清めるために水垢離を欠かさず、厳冬の寒い季節にも励行した。また、米飯、魚・鳥・獣肉は食さなかったという。神社発展に意を注ぎ、勤行や県内外の唐松講中の再興と増設に尽力した。また、毛書にもたけて掛け軸などをのこしている。

母寿女は、先代長之の長女で村の歴史ある名家の子女として育った。この環境が正しい行儀作法を身につけた。また神職の主婦として、いわゆるしっかり者で、子どもたちには躾が厳しい人であったという。

長元の毛書
（二方征捷宅所蔵）

天日宮

佐竹藩主義処の落馬事件のあと、唐松神社を藩内で唯一の「女一代守神」に指定している。義処の息女久姫が秋膰（福岡県）に輿入れしたとき、授子安産を願って家臣たちが唐松神社に祈願したところ、久姫は無事男児を出産。感謝の報恩をもって獅子頭を奉納。出

邸内社の天日宮

羽国第一の産霊神（うむすびつかみ）となったという。また、義処の側室や側近の女性たちが授子安産を願って唐松講（八日講）を結成。これがのちに農民のあいだにも広まり、県内各地に講中がつくられるようになった、という。

　唐松神社には義処の時代に唐松講が結成される。長元の時代に再興し、それが次第にひろまった。大正時代（1912〜1926）には、東北・北海道に3万5000余戸をかぞえる講中をもつ全国著名な神社に発展させた。長元の生涯は、もっぱら神社神徳の発揚に意を尽くしたものであった。

　邸内社の天日宮（あまつひのみや）は、県内外の講中、崇敬者より奉納された海・川・山の自然石、数10万個をもって築造された。その社の造形美と庭園様式は見事に調和し、池や周囲に植栽された植物の花が満開時、感嘆するほど美しく荘厳な景観を形成している。かつて、太古大和の地に建造された社を想像して形どったものを再現したという。

　唐松講は八日講ともいわれ、毎月八日に集落の若妻たちによって執りおこなわれる。能代市母体では、掛けもの・ろうそく・旗などがはいった書類箱を当番の家に順次まわし、掛けものをかけ、灯明をあげてオガミと称するとなえごとをする。終わると当番の家で簡単な料理とお茶でご馳走する講中である、と伝わる。

長穂の系譜

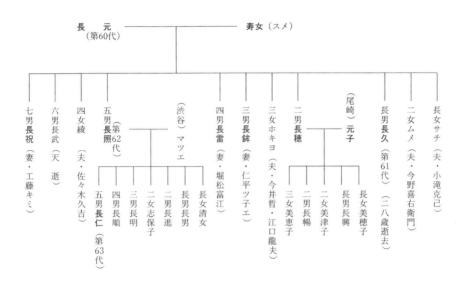

長元（第60代）━━━寿女（スメ）

七男長祝（妻・工藤キミ）
六男長武（天逝）
四女綾（夫・佐々木久吉）
五男長照（第62代）
（渋谷）マツヱ
四男長雷（妻・堀松富江）
三男長鉾（妻・仁平ツ子エ）
三女ホキヨ（夫・今井哲・江口龍夫）
二男長穂
（尾崎）元子
長男長久（第61代）（二八歳逝去）
二女ムメ（夫・今野喜右衛門）
長女サチ（夫・小滝克己）

五男長仁（第63代）
四男長順
三男長明
二女志保子
二男長進
長男長男
長女清江

三女美恵子
二男長暢
二女美津子
長男長興
長女美穂子

明治21年（1888）7月19日、唐松神社宮司・物部長元、寿女の二男として長穂は誕生した。長穂は七男四女の11人きょうだいで、長女サチ、二女ムメ、長男**長久**、二男**長穂**、三女ホキヨ、三男**長鉾**、四男**長雷**、五男**長照**、四女綾、六男長武（天逝）、七男**長祝**。

長穂が誕生した時代は、どのような社会的背景であったろうか。誕生3前の明治18年（1885）12月22日、明治政府は太政官制を廃止し、内閣制度を発足させ、第一次伊藤博文内閣が成立した。その翌年の2月27日、行政組織の改編があり、八省官制が公布され国家行政機関が確立される。現在の行政組織の原形が整えられる。

長穂が誕生した年の4月30日、伊藤博文が枢密院議長に就任し黒田清隆内閣が組閣される。同年5月12日、陸・海軍参謀本部条例により、本部・師団司令部など軍隊しての組織体制が整備される。また、国歌「君が代」の制定を各国に通告し、スエズ運河条約を調印し自由航行を取り決めた年であった。

長穂のきょうだい

　長男**長久**は、秋田中学校を経て早稲田大学文科に入学し演劇に関心をもつ。勉学のかたわら坪内逍遙の演劇研究会の一員となり、熱中する。卒業1年前に病気となって、心ならずも帰郷療養した。村にもどって朝日尋常小学校の教員のかたわら、父を助け、神職も手伝った。村では、若者をあつめて演劇や野球の指導をとおして子弟の教育にもあたった。仙北地方で少年野球が盛んなのは、長久が野球の基礎を指導して根づかせたから、といわれる。地域教育の重要性を認識して若年で実践している。

　三男**長鉾**は、二人の兄とちがって本荘中学校に入学。3年で上京して郁文館中学校を卒業。大正3年（1914）5月に陸軍士官学校（第26期生）を卒業。陸軍輜重兵少尉任官をへて大正10年（1921）11月に陸軍大学校（第33期生）を卒業。陸軍省、広島陸軍輸送部、宇都宮輜重連隊、参謀本部など軍部の中枢部署に勤務。昭和16年（1941）10月に陸軍輜重兵学校長に異動。昭和19年（1944）4月には留守近衛第二師団長に異動し、首都東京の中枢の防衛任務にあたる。昭和20（1945）年4月に第一四〇師団長（相模湾防衛師団である護東師団長）に異動。本土決戦の場は九十九里浜から相模湾が想定されていた。鎌倉で対上陸作戦準備中に終戦をむかえた。軍歴の最終階級は陸軍中将。戦後、川村学園の教師として子弟の

教育にあたり、昭和41年（1966）6月、学園内で会議中に倒れて回復しないまま、翌年2月、72歳の生涯を終える。

　四男**長雷**は、東京都文館中学校を卒業後、航海学校に入学し、航海士となる。大正4年（1915）に上海に初航海して中国に上陸。特務機関で一隊の長として

長雷のお土産の骨董の壺
（第63代当主物部長仁）

20

活躍。軍の嘱託として、蒙古領内の石綿、砂金の調査にでむき、功績から蒙古トク王より勲章を拝受。大正7年（1918）シベリア出兵と同時に偽名で軍属に志願。乗用車の修繕部門を受けもち功績が認められ、乗用車30余台を譲りうけ大連でハイヤー会社を経営。大正12年（1923）、徴兵検査をうけ、兄長鉾中尉に送られ、歩兵第三七連隊第二大隊第二中隊に配属される。長雷27歳であった。当時、大陸に渡って雄飛し国家繁栄の道を開くのが若者の夢。長雷も満蒙の地で、抜群の行動力で大陸を舞台に豪快に活躍した。帰国して、長雷は兄長穂を訪ね、満州で入手した大きな骨董の壺をお土産として持参する。この壺は、長穂の書斎の机のうえにおかれて、定規などの文房用具だてとして使われた。現在、この骨董の壺は、実家の物部家に大事に保管されている。

五男**長照**は、父長元、兄長久のあとを継いで第六二代社司となる。長照は、五男二女の子どもが授けられる。長照の五男の**物部長仁**（さきひと）が、現在第六三代社司を継承している。長照は、戦前、戦中の時期に唐松神社の発展に尽力し、参詣に訪れる人がた絶えなかったという。長照もまた、長男長久と親交のあった安藤和風に作句をならい、「蘇想」と号し、同人誌に数おおくの俳句を投稿している。物部家には、かたくなに拒んできた門外不出の秘伝の書

長照の詩歌石碑
（唐松神社境内）

を所蔵したいた。超古代からの伝承や歴史を記した「物部文書」を昭和58年（1983）、大英断をもって公開に踏みきった社司が長照である。

六男長武は天逝している。七男**長祝**は、仙台の官立第二高等学校を卒業。東京帝国大学法科大学経済学部、同大学院を修了し、さらに法学部で履修して宇都宮で検事として任官される。東京豊島区目白町の工藤家に入り、検事を辞職して、夫妻はドイツに留学し、ドイツ法学博士の学位を取得す

る。昭和13年（1938））帰国し、日本大学の教授、川村学園の監事等も
つとめた。法律学者一筋の道を進んだ長祝は、太平洋戦争勃発によって大
佐待遇の軍属としてドイツ大使館の連絡班長となる。終戦前年の昭和19
年（1944）2月、昭南島から制空・制海権を失ったインド洋、大西洋を潜
水艦でドイツに渡航し、機密文書などを受領し、同年12月に同じ航路で
帰国し、無事任務をまっとうした。昭和35年（1960）逝去するまで、法
律学者の道を歩み、よく読書して論文を作成、専門誌に寄稿している。

　長穂のきょうだいは、優劣つけがたい秀才ぞろいで、それぞれの道を歩
んで大成した。名は体をあらわすと言われる。「長」の語源は長い髪の老
人が杖をついている形の象形文字からきている。はじめ、第一番、たける、
そだつ、おおきくなる、という意味がある。

　長久は、一家がいつまでも変わらず長く繁栄するように、と解されされ
るが、勉学の途上に病気療養を余儀なくさ、28歳の若さで逝去した。二
男長穂は、水理学、耐震工学の新たな道をきりひらいた。国土開発の技術
的基礎理論を提唱し、水害や地震被害から防御する瑞穂の国土づくりに貢
献した。三男長鉾は、陸軍の武人として鉾を手にとって国難にたちむかい
奮闘した。四男長雷は、満蒙の大地を雷神のごとく疾風に駆けめぐり、豪
快な活躍をみせた。五男長照は、唐松神社の神徳をあまねく庶民のうえに
輝き照らして、神社発展に尽力した。七男長祝は、法学者の道を歩んだ。
祝は祀の意もあり神道では神に祈るときの言葉、文章をも意味する。法律
の立場から正義や幸福をみすえて子弟の教育にあたった。

　このように、長元の子どもたちは皆、なぜ大成したのであろうか。物部
家の血筋は、もとより生来の素質の良さによるもの。神社という村の名家
の社会的環境もさることながら、父長元の存在がおおきい。その教育方針
は、人間としてあるべき姿の人格形成を第一とし、独立独歩の精神を育て
つちかうもので、勉学を押しつけ強制することはなかった。目的を貫徹す
るための努力精進する大切さをさとし、威厳ある父長元の薫陶をうけて育
った。自ら神職としての修養、神社発展、講中の再興と増設に尽力する姿
勢を身をもって示し、子どもたちには暖かく慈愛深いまなざしで見まもっ
た。

少年時代

長穂の生家（撮影協力・物部長穂記念館）

　このように、村の名家、神社という環境、地域からの期待ももさることながら、父長元の存在がおおきい。父の薫陶をうけ、その教育方針がやがて将来大いに飛躍し、花咲かせる土壌になっている。また、母寿女の厳しい躾の養育のおかげで他人を思いやる人間性が豊かな人格が形成された。住家や周辺は、神社ということもあって閑静で霊験

少年時代の長穂
（撮影協力・物部長穂記念館）

な雰囲気を醸しだし、子どもたちの養育にとっては最適な居住空間であった。このような恵まれた環境のなかで、長穂が少年期をすごしている。

学生時代

　長穂は、荒川村の朝日尋常小学校を卒業すると、兄長久のあとをおって秋田中学校に進学し、優秀な成績で明治36年（1903）に卒業。

　中学校在学中、春や夏、冬休みに秋田から郷里の荒川村に帰省する。秋田にもどるとき、神社で使い、燃え残った短いロウソクのあつめて持ちかえり、その明かりで夜おそくまで勉学に励んだ。

　なおも向学心にもえ、父長元の進言もあって仙台の官立第二高等学校（東北大学の前身、大学の予科の教養学部に相当）に進学し、学問の道の第一歩を踏みだした。そこで、その優秀な才能はますますみがかれ、明治41年（1908）に卒業。

　さらに、土木工学者を目指して最高学府の東京帝国大学工科大学土木工学科に進学する。欧米諸国の最先端の土木技術を学ぶため、全国から集まった学生は秀才ぞろいで、勉学をきそいあっていた。

学生時代の長穂
（所蔵・大仙市アーカイブズ）

第二高等学校卒業証書
（所蔵・大仙市アーカイブズ）

そのなかにあって、明治44年（1911）7月、長穂は首席で卒業し、天皇陛下からの恩賜の銀時計を拝受する。

　恩賜の銀時計拝受は、本人の喜びはもちろんであるが、父長元、母寿女やきょうだいは、その才能と努力に感激したという。また、村民は、我が村の名家物部家の栄誉を夢ではないかとおどろき、あたかも自身のように喜び祝福した。

　土木工学界の黎明期において数々の設計理論を体系づける技術官僚、学者として、輝かしい未来にむかって踏みだした。

小学校から大学時代にかけ
ての10数年間、長穂が勉強
する姿を見たものはいなかっ
た。帰省したときは、勉学か
ら全く離れていたという。近
所の川で雑魚をとったり、水
遊びなど、幼少のころの長穂
は、ごく平凡でありふれた少
年になって遊びたわむれ、弟
たちの面倒をよくみて世話を
した。

学生時代の長穂（前列左）
（撮影協力・物部長穂記念館）

学生時代の勉学状況（所蔵・大仙市アーカイブズ）

　しかし、学校がはじまると家人が寝静まった深夜から翌朝ちかくまで勉
強するのが常だった。この学習方法は、大学時代、そして内務省土木試験
所に勤務しても継続されていく。
　長穂は秀才であると同時に、幼少のころ、父長元から教えられた目標達
成のための努力精神を忘れず、人の5倍も10倍も努力する人であった。（コ
ラム2・明治初期の高等教育制度）

　明治新政府は、統一国家の社会経済体制の確立が急がれた。激変する政治経済体制を前進させるため、欧米先進諸国の先進事例を学び、次代をになう行政官僚の人材の養成が急務であった。

　国家としての人材養成のため、明治時代の初頭、高等教育の大学制度はめまぐるしく再編されている。その経緯を下表に示す。

明治初期の大学制度の変遷

1857年（安政4）	開成学校	外国の文献を研究・翻訳し、それを教育する
1863年（文久3）	開成所	幕臣の子弟を対象に江戸幕府が蘭学、英学、翻訳事業など洋学を研究する機関
1868年（明治元）	開成学校	明治新政府が「開成所」を接収し、文部省所管の官立の組織として再興。現在の東京大学の源流となっている
1869年（明治2）	大学南校	その後、1871年（明治4）「南校」、1872年（明治5）「第一大学区第一番中学」と改称
1873年（明治6）	開成学校	当時の最高学府
1874年（明治7）	東京開成学校	再編、官立の大学校（五科）
1877年（明治10）	東京大学	法科・文科・医科・理科
1877年（明治10）	工部大学校	土木・機械・造家・電信・化学・冶金・鉱山の七科
1886年（明治19）	帝国大学	工部大学校を併合し、法科・文科・医科・理科・工科の五科の分科大学として発足
1887年（明治20）		農科大学を併合
1897年（明治30）	東京帝国大学	改称

内務省技師への道

　明治44年（1911）7月11日、長穂は東京帝国大学工科大学土木工学科を首席で卒業。各学科で履修し優秀な成績の学生は、恩賜の銀時計が授与される。銀時計組の学生の卒業式は、別途、天皇陛下ご臨席のもと挙行されたという。卒業後は「銀時計組」と呼ばれる特別な存在の技術者として認められることになる。

　卒業研究は信濃川鉄橋計画で、論文名『Calculation for Designing Bantai Bashi at Niigata Part1』（『新潟萬代橋の予備設計』）。全文英語で17章から構成されている。卒業計画書の審査がおこなわれ、明治44年（1911）6月15日提出された論題が選定された。鋼製トラスの鉄道橋で、複雑な構造であった。

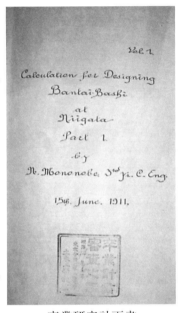

卒業研究計画書
（所蔵・大仙市アーカイブズ）

　大学を卒業した長穂は、大学で勉学し培った土木工学の学問研究と技術の力量を発揮する場として、また卒業論文の橋梁計画の設計を完結させるために鉄道院を選び、請われて総裁官房勤務（橋梁関係）の技手となる。

　長穂の仕事は、信濃川鉄道橋の詳細設計の完結であった。この萬代橋鉄道橋は、当時としは我が国で最大規模を誇るもの。大学を卒業したばかりの若手技手には手にあまるものではないか、という陰口まででたという。長穂は、このような風潮には意をかけず、若さの限りに日夜精根かたむけて設計業務の完成に邁進した。

　この鉄道橋の詳細設計の業績によって、土木工学界で長穂の名声はますます高まり、その実力が認められ、翌大正元年（1912）8月17日付けで抜擢されて内務省土木局の技師として異動任官する。

　技術官僚の道の第一歩を踏みだした。

尾崎元子と結婚

卒業と同年の明治44年（1911）12月27日、男爵**尾崎三良**（さぶろう）の五女**元子**と結婚。元子は明治28年（1895）生まれ。長穂23歳、元子16歳のとき。封建制度がまだ色濃くのこる時代、華族と平民の結婚は大変めずらしい縁組みであった。

尾崎三良（天保13〜大正7年・1842〜1918）は、明治・大正時代にわたって活躍した男爵で官僚。男爵は華族階級の第五位の爵位。旧憲法下で、皇族の下位、士族の上位におかれた貴族としての特権的身分。明治2年（1869）、旧公卿・大名の称したのにはじまり、明治17年（1884）の華族令により、公・候・伯・子・男の爵位が授けられ、国家に貢献した政治家・

長穂と元子の結婚
（撮影協力・物部長穂記念館）

軍人・官吏などに適用された。爵位は昭和22年（1947）廃止されている。

尾崎家は、山城国葛野郷（現在の京都市左京区）の西院村で代々里長をつとめた郷士の家系。三良は、尊王攘夷派の公卿三条実美（さねとみ）につかえ、慶応4（1868）に実美の子公恭（きみやす）にしたがいイギリスに留学。大政官大書記官、元老院、法制局長官をつとめるなど、その活躍期は藩閥の全盛期とかさなる。三良の子どもは12人、六男六女を授かった。

長女の英子セオドラ尾崎は、16歳でイギリスから来日する。**尾崎行雄**（安政5〜昭和29年・1858〜1954）の女婿にあたり、妻繁子の亡くなった翌年の明治37年（1904）、後妻にはいる。

尾崎行雄は、日本の議会政治の黎明期から第二次世界大戦後まで衆議院議員をつとめ、「憲政の神様」「議会政治の父」と呼ばれた人物である。

工学博士の誕生

　大正元年（1912）8月17日、内務省土木局の技師となった長穂は、荒川、鬼怒川など水害を防除する河川改修計画の実務を担当する。

　上司の**沖野忠雄**（安政元〜昭和24年・1854〜1949）は、長穂の優秀な才能を見抜いていた。沖野は明治44年（1911）4月、技術官僚の最高位の初代内務技監に就任し、その後9年間、内

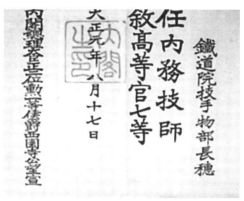

内務技師の任官辞令
（所蔵・大仙市アーカイブズ）

務技監をつとめた人物。沖野は、部下の教養、人格養成、学問奨励など、科学、技術教育の重要性が不可欠であるとして、それを指導・実践した。特に物理学は、土木工学の基礎となる高等数理学や地球物理学など、自然科学全般を学ぶことができる。技術の根底になるものは、沖野は「数理」が基本であると考えていた。その後の河川技術研究開発の発展におおきな影響をあたえた。

　沖野のはからいで、長穂は在任のまま、大正2年（1913）7月9日、東京土木出張所に異動し、東京帝国大学理科大学に再編入して物理学を履修し、理学士の学位も取得。この勉学内容が、本業の土木工学のみならず、数理解析の構造力学や地震学など、幅広い見識の基礎となっていく。（コラム3・古市公威と沖野忠夫）

　長穂は、大正8年（1919）12月に土木局にもどっている。この期間、長穂の研究者への道を歩む基礎が確立された。鋼製トラス橋梁の設計論、河水の流下特性、土堤の安定性、構造物の振動や耐震性の分野を精力的に調査研究し、論文をとりまとめて土木学会誌上に発表している。とりわけ、耐震学の探究はライフワークとなる。また、内務省技師のかたわら、東京帝国大学土木工学科の助教授も兼任している。

大正9年（1920）4月から、長穂はドイ
ツ・フランス・イギリス・アメリカの先進
国を視察し、高層建築物・橋梁・築堤・治
水工事など最先端の土木技術をつぶさに調
査研究して帰国。なかでも、ロンドンは長
く滞在し、イギリスのテームズ河の河川改
修事業、下水道工事の調査研究は意欲的に
おこなっている。滞在先のロンドン市内を
散歩中、地元の老婦人から道のりを訪ねら
れ、ていねいに教えたというエピソードも
ある。これらの経験が、のちに河川改修と
組み合わせた多目的ダム論や荒川放水路横
堤の遊水機能をもたせる水理模型実験や築
堤護岸工事などにいかされていく。

海外出張辞令
（所蔵・大仙市アーカイブズ）

　長穂の構造物の振動理論の出発点は、当時東洋一といわれた大分県の久
原鉱業佐賀関精錬所の煙突の振動がヒントであった。この大煙突は海風に
よって振動していたが、その振動は高さに応じて規則性がある。長穂は、
この現象はどの構造物にもみられる現象ではないかと、構造物の振動につ
いて調査・研究をすすめる契機となった。当時、長穂は内務省土木局の技
師で、河川改修計画の策定にあたっていた。また東京帝国大学助教授を兼
務する激務のかたわら、耐震構造設計論について深夜や土曜日・日曜日を
さいての調査・研究の日々であった。本業とは異分野のまだ誰もが手をつ
けていない。

　ライフワークの耐震研究成果を集大成し、母校の東京帝国大学に学位論
文を提出。論文名は『構造物の振動並に其耐震性に就て』と題するもの。
4章63節からなる研究論文であった。

　　　第1章　載荷せざる塔状構造物の振動並に耐震性に就て
　　　第2章　載荷せる構造物の振動並に耐震性に就て
　　　第3章　橋梁の振動並にその衝撃作用
　　　第4章　吊橋の振動並にその衝撃作用
この論文は、構造物の振動理論や耐震工学上で多大な進歩発展に功績があ

ると認められ、大正9年（1920）4月27日に工学博士の学位が授与される。長穂、大学を卒業して9年目、32歳の若さであった。

　土木工学界で初めて工学博士の学位が授与された人物は、**古市公威**で明治21年（1888）5月、35歳のとき。奇しくも長穂が誕生した年である。**沖野忠雄**は明治24年（1891）8月、38歳のとき。当時、学位取得には大学卒業後、20年はかかるといわれた時代。最も若年の学位取得者であった。当時、旧学位令での工学博士は12名しかいなかった。最年少の学位取得者で、その後、新学位令になってからおおくの工学博士の取得者が誕生している。

　さらに、大正9年（1920）8月、長穂は構造物の振動や地震動による耐震性についての調査研究成果を取りまとめた論文を土木学会誌上（第6巻第4号）に発表。論題は『載荷せる構造物の振動並に其耐震性に就て』。この論文は高く評価され、第1回土木学会賞が授与された。長穂の功績が絶大で、この賞が創設された。

　これらの業績は、内務省のなかでも突出した異例な実績であった。学術研究発展の貢献におおきく寄与したことから同年12月26日、内務省から「勤務格別勤勉につき」特別賞与として金30円が授与された。長穂が将来を嘱望された至宝の証である。

　当時、歌舞伎の観覧料が1円であったというから、現在の価値に換算して約50万円に相当する。

　また、長穂の専門分野が、水理学や耐震工学であるが、道路分野の橋梁設計手法についても多数紹介している。大正12年（1923）に土木建築誌や土木学会誌で『緊拱橋に就いて』『緊拱

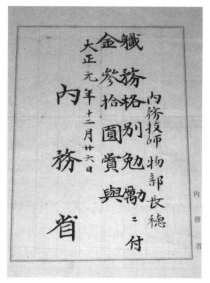

特別賞与の辞令
（所蔵・大仙市アーカイブズ）

橋の設計法』など、鋼材を組み立てるトラスの鋼橋の設計の考え方など、その多彩な才能が遺憾なく発揮されている。

　明治維新の近代化政策のなかで最も重要な課題は、欧米先進諸国の科学、技術を学び導入することにあった。人材養成の途をひらくには、優秀な人材を海外に派遣し、欧米の最先端科学、技術を学ばさせることが急務であり、その後、独力で技術的自立をはたさなければならなかった。

　明治7年（1874）5月、文部省令によって、幕臣の子弟を教育する機関の開成学校が東京開成学校に改称され、法学、化学、諸芸学など五科の官立大学校として再編成し、我が国最高学府として、次代をになう人材を養成する教育機関の組織として出発する。

　同年7月、東京開成学校のなかから11名の学生が文部省第1回給付留学生として選抜され、翌年7月に欧米諸国に派遣される。諸芸学科に在籍していた**古市公威**（安政元〜昭和9年・1854〜1934）もその一人として選抜される。フランス留学生として、エコール・サントラル大学を受験するため、エコール・サントラルの予備科の高等学校のエコール・モンジュに入学し、諸芸学を1年間学んだ。明治9年（1876）9月に同校を卒業し、大学を受験する。志願者約1000名のうち合格者300名の10番以内の優秀な成績で合格。明治12年（1879）8月、3カ年の課程を修了してトップクラスの成績で卒業し、工学士の学位が授与される。さらに、同年11月にはソルボンヌ大学の理科に入学し、数学と天文学を学んだ。明治13年（1880）7月に卒業し、理学士の学位が授与される。

　公威は同年10月にフランス留学から帰国し、12月、内務省土

古市公威
『土木事業近代化の先覚像』より
（東北建設協会・1996年）

木雇に任用。翌年 6 月には内務省準奏任御用掛土木局事務取扱を拝命する。初任月俸が 120 円であったといわれ、破格の高額であったという。お雇い外国人のファン・ドールン（長工師）の来日当初の月俸が 500 円、デ・レーケ（四等工師）が 300 円、工手で 100 円である。その優遇措置は特別であった。翌明治 14 年（1881）6 月に内務省準奏任御用掛に任じられ、同年 10 月に文部省御用掛を兼任し、東京大学理学部講師として数学を担任した。内務省勤務では、地方土木工事の指導監督をつとめ、明治 19 年（1886）5 月に工科大学教授兼工科大学長に任じられ、河川運河、港湾工学の講座を担当。明治 23 年（1890）6 月に内務省第六代土木局長に就任する。はじめての土木技術官僚の就任であった。内務省土木局では、土木局長を 9 年間、土木技監を 4 年間在任した技術官僚であり、教育者であった。日本の工学教育、土木行政の中心的な人物となり、のちにお雇い外国人からの技術的独立をなし，新たな土木行政が展開され、近代日本発展の基礎をきづいた。

三島由紀夫（大正 14〜昭和 45 年・1925〜1970）の本名は**平岡公威**。昭和 45 年（1970）11 月、陸上自衛隊市ケ谷駐屯地内の東部方面総監部の総監室で割腹自決した有名作家。内務官僚であった祖父の平岡定太郎は、親交があり同郷で恩顧をうけた古市の名にあやたって公威と名づけたといわれている。

沖野忠夫は東京開成学校で物理学を学び、明治 9 年（1876）6 月、文部省第 2 回給付留学生として、アメリカを経由して 8 月、パリに到着。古市が居住しているおなじ地区のホテルに逗留する。同年 10 月、エコール・サントラル・パリ（パリ中央諸芸学校）に入学。この学校は、国の各分野（教育、行政、軍、商業など）の幹部要員を養成することを教育理念として設立された学校。1829 年（文政 12 年）に創立された古い歴史をもつ。沖野は、明治 12 年（1879）4 月に卒業し、土木建築工師の免許をえる。

その後、1 年間パリにとどまり、実地での研修や調査研究をこない、明治 14 年（1881）5 月に帰国。同年 7 月に文部省御用掛東京職工学

校（現在の東京工業大学の前身）雇い
として教鞭をとる。明治16年（1883）
8月、内務省御用掛と文部省御用掛を
兼務し、同校の教授となる。明治17
年（1884）6月、内務省直轄河川改修
工事の富士川流域（静岡、山梨、長野）
の工事監督、明治19年（1886）5月
には阿賀川、信濃川、庄川の工事現場
の監督、明治38年（1905）には土木
局工務課長、明治44年（1911）4月
に内務技監に任命される。内務省に明
治16〜大正7年（1883〜1918）の25
年間の長きにわたって勤務し、全国各
地の現場を指揮監督し、近代治水、港
湾技術の統括者となる。大型機械施工

沖野忠夫
『土木事業近代化の先覚像』より
（東北建設協会・1996年）

やおおくの新工法の導入、全国の主要河川の長期的な治水計画の立案
に尽力し、指導的役割を果たした。

　沖野は金銭や名誉には極めて淡泊だった。大阪築港の功労に、大阪
市が贈った数万円はついに受け取らなかった。明治31年（1898）以
来10年間、東京帝国大学に資金を献じて育英費にあてたという。

　沖野は、なにかにつけて古市と比較される。同時代で同年齢、同郷人。
沖野の出身地は但馬国城崎郡（兵庫県豊岡市）の豊岡藩、古市は姫路
藩の江戸屋敷で生まれる。古市は、教育界や行政官僚として活躍の場
がひろく、日のあたる場所を歩んだ。我が国の近代化政策に直面した
土木工学界のみちを切り開いた最初の人である。一方、沖野は、その
一生を一貫して、技術官僚として土木工学の分野に徹し、特に河川事
業にたけ、古市ほどの華やかさはなかったが、真摯堅実な性格とその
手腕は、その後の技術官僚の気風として継承されていく。行政官僚の
古市、技術官僚・河川技術者の沖野と呼ばれるゆえんがここにある。

耐震理論が問い直された関東大震災

長穂は内務省土木局の時代、構造物の振動や耐震性についての論文を次々に発表し、この分野での権威者となる。これらの理論が公表された3年後の大正12年（1923）9月1日、マグニチュード（M）7.9の巨大地震が関東一円を襲った。「関東地震」（関東大震災）である。

長穂は、のちに内務省土木試験所長や東京帝国大学教授を兼任するが、同時に、震災予防調査会の委員や東京帝国大学地震研究所の所員も兼ね、研究活動を精力的におこなっている。

構造物の振動や耐震理論から設計体系が完結したと考えていた矢先の震災であり、物部耐震理論が試される出来事であった。地震による構造物被害の実態と耐震理論の整合性が求められた。

研究論文の公刊
（『土木耐震学』より）

関東大震災から2年後の大正14年（1925）、『構造物の振動殊に其耐震性に就て』と題する全体で700余ページの大論文が発表された。この論文は、帝都震災復興の途にある構造設計にあたって、一大転換をもたらす画期的なもの。構造物を剛構造として設計していたが、弾性体の柔構造として考えなければならない。従来の耐震工学を根本的に問いなおす研究成果と高く評価された。

同年（1925）5月31日、この業績に対して学界の最高栄誉である帝国学士院恩賜賞（第15回）が授与された。これは土木工学界では初めての栄誉。このころから長穂は、将来の土木工学界の指導者となるべき人として嘱望されていた。

土木試験所の発足

　明治政府は、社会経済発展の
基盤となる社会資本の整備をに
なう公共事業は、内務省土木局
が所管していた。河川・港湾・
道路などの土木事業は内務省の
所管で、利根川・淀川・木曽川
などの河川改修工事や、横浜・
神戸・大阪などの港湾工事が大
規模にすすめられた。

発足当初の土木試験所
（撮影協力・物部長穂記念館）

　明治時代の中期になると陸上交通は鉄道に重点がおかれて整備されてい
く。大正時代には我が国でも自動車が次第に普及し、道路整備にたいして
一般社会の関心もたかまる。また、第一次世界大戦で道路の果たす役割が
軍事的にも有用であることがヨーロッパで実証された。我が国でも道路改
良が急務であるとの機運がたかまり認識されていく。当時、我が国には道
路の築造材料などの試験設備は貧弱で、その充実がもとめられた。

　大正10年（1921）5月、内務省土木局分室のかたちで道路材料試験所
が発足する。これからの道路改修事業をすすめるうえで、その設備の必要
性が痛感され試験所が設置された。翌年（1922）9月30日、独立した組
織の試験所に昇格。内務省土木試験所（のちの建設省土木研究所、現国土
交通省）の発足である。

　海外出張から帰国したばかりの**牧彦七**（明治6〜昭和25年・1873〜
1950）が初代所長に任命される。牧は、かつて明治39年（1906）8月、
秋田県土木課長兼耕地整理課長兼船川工事事務所長を歴任。県の総合計画
を立案し、各部門の工事計画や設計法を新たに考案。大正2年（1913）7月、
自ら休職をもとめて妻子とともに東京に移住する。東京外国語学校で2年
間フランス語を学んだ。40歳からの働きざかりの時期であった。大正3
年（1914）7月、学業途上であったが、内務省技師に復職し、土木局技術
課で道路技術の専門家の道を歩む。

土木試験所長の勅任

　土木試験所の設立当時の業務は、道路材料の砂利や砂や、瀝青質材料（アスファルト）などの試験や道路構造の研究がおもな内容。道路材料試験所という性格ではあったが、他の関連分野の地質や化学を専門とする人も少数ではあるが従事していた。

　当時、内務省所管の土木工事のなかでも、河川・港湾のしめるウェイトが次第におおきくなってきた。河川改修と組みあわせて洪水調節用の大規模なダム建設の必要性とか、荒川に横堤の治水工事など技術上の課題も山積していた。また、関東大震災で甚大な被害が発生し、地震災害を未然に防止するための耐震に関する研究も社会的につよく要請された。道路関係の土木試験所を河川や港湾、水理や耐震関係などをふくめた総合土木試験所にしようと、その調査研究業務の範囲が拡大されていくことになる。

　こうした社会的な要請をうけ、構造や耐震、水理関係にも精通した**物部長穂**が、第二代**牧野雅楽之丞**所長のあとをつぎ、大正15年（1926）5月31日、若くして38歳で第三代土木試験所長に勅任される。

　勅任官は、内閣が任命して天皇から辞令交付される天皇官吏。現在でいうと、内閣法制局長官や検事総長の役職に相当する高級官僚。

　この勅任は、当時としては異例の抜擢人事であった。現在でもそうであるが、内務省技師の任官は「トコロ天」式に厳然とした年功序列がかたくなにまもられていた。決して先輩を追い

勅任官の辞令
(所蔵・大仙市アーカイブズ)

こす人事異動はかんがえられない時代である。長穂の抜擢について、内務省土木局の技師や試験所所員は、10年飛ばしの異例の抜擢人事で驚いた、という。

所長には、自宅から職場までの送迎用自動車が用意されていた。当時はまだ自動車はめずらしく超高級なもの。この自動車はシルクハット型のものであったというからベンツ社製ではないかと想像される。第一次世界大戦で敗戦国ドイツからの戦利品であったという。

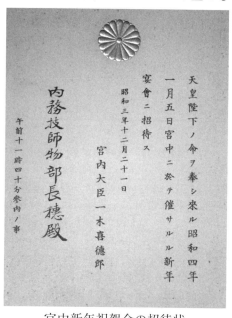

宮中新年祝賀会の招待状
（所蔵・大仙市アーカイブズ））

　また、毎年開催される恒例の宮中行事において、たとえば、試験所長宛に「天皇陛下ノ命ヲ奉シ来ル昭和四年一月五日宮中ニ於テ開催サル新年宴會ニ招待ス」と宮内大臣の一木喜徳郎より招待状がとどき、「午前十一時四十分まで参内のこと」と書き添えてられている。試験所長の要職は内務省において特別な存在であったことを物語っている。

　長穂の所長在任は、大正 15 年（1926）5 月 31 日から昭和 11 年（1936）11 月 17 日までの 10 年 7 ケ月。この期間、発足まもない土木試験所の基礎がためと充実・発展をはかっていった。特に、治水・港湾や津波などに関する水理試験所の岩渕分室（のちの建設省土木研究所赤羽支所）の設立や耐震工学の発展には大きな足跡をのこした。

　また、長穂は土木試験所長のほか、大正 15 年（1926）2 月から東京帝国大学工科大学土木工学科の教授も兼任し、「河川工学」の講座を担当した。

東大教授の兼任辞令
（所蔵・大仙市アーカイブズ）

水理試験所の設立

水害を防御するための治水など、水の力や流れなど、河川の基礎的な試験研究をおこなうためには、定性的な現象を把握し検証するため水理実験施設が必要となる。

岩渕分室の水理試験所

所長に就任した長穂は、現在の東京都北区赤羽志茂の岩渕水門付近の荒川改修の放水路工事の残土処理によってできた土地に、その場所を求めた。この場所は荒川と新河岸川にはさまれた三角地で、その敷地の下流が隅田川の最上流となっている。土木試験所岩渕分室の水理試験所の設立で、大正 15 年（1926）であった。

この水理試験所は、我が国では初めての水理実験施設。このため、その計画、設計などにはおおくの努力と苦心が払われた。基本的に Freeman の『Hydralic Laboratory』をめくりながら、そのなかの特にドイツのカールスルーエの水理試験設備を参考に、その範をもとめた。物部所長指導のもと、当時欧米視察から帰国したばかりの**青木楠男**（のちの第五代土木試験所長、明治 26〜昭和 56 年・1893〜1987）技師が中心となって計画がすすめられた。

施設整備費の予算（年間 20 万円程度）は厳しいものであった。特別に新しい設備もつくる必要があったため、荒川や鬼怒川の河川改修工事費のなかから予算をもらい、その不足分を補った。施設は、第 1 期、第 2 期、第 3 期など小さく区切って順次拡張されていく。この施設拡充の予算確保に尽力したのが**中川吉造**（明治 4〜昭和 17 年・1871〜1942）東京土木出張所長（現在の関東地方整備局長）。中川は、のちに技師の最高位である内務技監（昭和 3〜昭和 9 年・1928〜1934）に就任した。中川は**近藤仙太郎**（安政 6〜昭和 6 年・1859〜1931）に次いで「利根川の主」といわれた河川改修工事のスペシャリストの人物だった。

健康管理

　長穂は、生来、身体はあまり丈夫でなかった。日夜、研究に明け暮れた生活での健康維持は、好きなテニス（軟式）の運動で支えられていた。この趣味としてのテニスには数々のエピソードがのこっている。今でこそテニスは一般化したスポーツとなっているが、当時はハイカラなものであった。

　毎週土曜日の午後、天気の良い日は特別のことがない限り、赤羽の岩渕分室の水理試験所を来訪し、実験指導にあたっている。何かの都合で、どの実験水路にも水を流していないときは、何となく不機嫌で、努めて土曜日は実験を休まないようにしていた。本所のある駒込から赤羽へ車で向かう途中、好物のあんパンをいつも買い求め、みんなにご馳走し、所員はそれを楽しみに待っていた。実験指導を終えると、夕方までテニスを楽しんだ。上手でもあったが、後衛をしていたので、上手な前衛の人と組んで勝つと上機嫌だった。

　東京市麻布区六本木町に住まいを構えたとき、趣味がこうじて自宅にテニスコートまでつくり、土曜日には役所の職員や長男の**物部長興**を相手に汗を流して楽しんだという。

　長穂は酒類をたしなまなかった。そのため、土木試験所長という要職での数おおいい出張や宴席にはほとんど出席ていない。自宅と土木試験所、そして大学を結ぶ三角形の辺から、めったに外出しない学問研究の日々であった。出張や宴席を欠席したのは自分の研究時間を確保し、そのペースを乱しくなかったためだろう。

　その反面、大の甘党、愛煙家、コーヒー党。なかでもお汁粉が大好物で、自宅に来客があるたびに自慢のお汁粉をふるまった。また、エアシップを唇から離さず愛用したという。所長室では来客にコーヒーがよくだされた。コーヒー飲みたさに、わざわざ試験所を訪れる人もいたという。

　食事は、新鮮な魚料理を好んで食した。余分なカロリーを摂取しないように、食事の量は一日のエネルギー消費量ぎりぎりの少量で、約１時間をかけて咀嚼したという。食生活は質素であった。

勉学方法

　長穂は自らを語ることが極端にすくなかった。

　岩渕分室の水理試験設備を計画した青木楠男は、長穂の勉学方法について、青木が土木試験所に勤務するようになったとき、勉学方法についてアドバイスしている。試験所というのは、24時間勤務。昼間は役所で仕事して、晩は役所から

書斎での原稿執筆
(所蔵・大仙市アーカイブズ)

本を持ち帰って自宅で読んでメモをとり、勉強するように、自ら求めて努力する重要性を指摘している。

　長穂は風呂敷を愛好していた。風呂敷のなかには外国の雑誌が包んであり、それを持ち帰る。夕食後すぐ仮眠をとる。そして、午後11頃ころから起きて朝まで勉強する。そして、朝またちょこっと寝て、それから土木試験所へ出勤する。本を読んでも読みっぱなしでなく、必ず抜き書きして整理する。

　このように、長穂は、夕食後に第一睡眠をとって深夜の11時ころから勉学に取りくんだ。そして、六本木自宅近くの兵営の起床ラッパの音を聞くと勉学をとりやめて第二睡眠をとったといわれ、なにより書斎の人であった。

　この勉学時間を失いたくないために、地方への出張や宴席にはほとんど出席しなかった。所長として要求される地方への出張は、できるかぎり部下に代理出席させている。地方への出張は、所長在任期間中、二、三度しかなかったという。父長元の葬儀のため郷里の秋田へ帰省したことはあったが、このような旅行はめずらしいことであった。その反面、スキーなどの一泊二日の所員の親睦旅行には何度か参加している。

抜き書き

　長穂の勉学方法の特徴は抜き書きし、整理することにあった。その抜き書きは、5mm方眼紙に細かく正確な文字で書かれている。その文字から性格の几帳面さをうかがい知ることができる。筆記用具は外国製の万年筆。その先が書くには太いので、しょっちゅう砥石でペン先をといでいた。それでも五mm方眼紙に書く文字にしては太いので、さらにペンを裏に向けて書いている。

　読んだものは要点だけをすべて抜き書きした。その文献は世界中の色々なことをよく調べあげている。その抜き書きをベースにして不朽の名著『水理学』がうまれた。その時代の新しい技術関連の動向

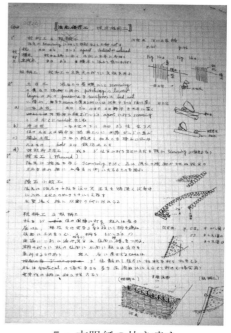

5mm方眼紙の抜き書き
（所蔵・大仙市アーカイブズ）

が全て網羅されていた。長穂は終生秋田弁が抜けなかった。このため、どんなに注意してもメモや原稿には秋田弁がまじっていた。そして「てにをは」がまるで変であったという。原稿段階で校正するのに苦労したという。

　長穂は研究以外の専門外の本もよく目をとおした。趣味は、研究の余暇、専門外の書籍を乱読というほど。特に俳句や和歌は好んで愛読した。先端を細くといだ万年筆で、一本の扇子に和歌百首を書いたものを親しい友人にプレゼントしている。また、所内のテニス大会などの賞品として、長穂は扇子を準備した。それには、与謝野晶子の和歌などが細かい文字でびっしり書かれていた。この扇子をもらうことは大変な名誉。当時を振り返り、今ではこの扇子を家宝にしている、と青木などが語っている。

　「物部長穂記念館」には、この愛用した万年筆が展示されている。

部下の指導

長穂が試験所として大事なことは、第一に設備や実験器具、第二に参考書といっている。そのため、図書の購入にたいして予算はおしまなかった。あるレベルに達するまでは出張命令はださない。その出張費を図書購入費にあてている。

所員のさらなる研究成果の発

水理実験水路
（岩渕分室）

揮や、むずかしい問題解決のためには、より一層の高度な能力を身につけさせる必要があった。

大学の工科で修めた数学だけではたりない。工学の基礎となる自然科学や物理学などを履修させるため、理学部で勉強するように二年くらい通学させている。フランス語を勉強するために夜学に通う人には、いつも所長の帰宅の自動車に同乗させる便宜もはかった。

その意図するところは、勉学の奨励であった。勉強はすぐに役立たなくてもよい。広い見識や視野をもって研究にあたれば、色々なアイディアもうまれることがある。これが長穂の持論であった。内務省土木局で勤務したとき、上司の初代内務技監の**牧野忠雄**の指導や育成方針が、長穂に大きな影響をあたえ、その教訓が部下の指導方針として継承されていった。

内務省の時代、今日と違って大学出身者と専門高等学校以下の出身者では、その待遇や育て方に格段の差があった。大学出身者にたいしては厳しい指導をおこなっている。

「技術談話会」は毎月定例でつづけられた。研究をはじめようとする課題についての見通しや中間報告などについて、お互いに議論する。時には外部から講師を招いて話しを聞く。研究上の研鑽と教養の向上を目指したもの。この伝統は終戦後までつづき、二百数十回をかぞえている。

その性格

　土木試験所の駒込本所や岩渕分室水理試験所の本格的な増改築工事が昭和4年（1929）から昭和7年（1932）にかけて実施され、試験所の体裁がととなった。

　建物の原案プランは、長穂自らが設計図面を書いたという。建築設計に関しても物部所長直属の掛かりをおかず、細かい点まで指示をだしている。一緒に仕事をしたほとんどの人は、業務のうえでは長穂の性格を細かく、やかましい人だったという。

　長穂が、本所の建物の廊下にタイルを敷けという指示をだした。焼き入りの立派なタイルを敷いて完成した。できあがったら、所長室の前を所員が通るたびに、やかましいという。その時分、所員は薄給で革靴のかかとには金属片を打ち付けて摩耗防止をはかっていた。タイルばり廊下を底に金属がついた靴で歩くたびに音がする。その音がうるさくて、結局ゴムマットを廊下に敷いたという。また、所長室の床に、藍色のじゅうたんの模様の見本を見せて了解をもらった。そして、出来上がって敷かれたじゅうたんをみて、それが気に入らなくて、なだめるのに骨をおったという。このように、業務のうえではその指示は細かく、また、基本的なことは自身で手がけている。

　所長室は、応接や会議ができるような十分な広さがあった。所長室内に専用の小部屋を新たにつくった。公務上の仕事が終了すると、その小部屋のなかに閉じこもって読書や論文原稿の作成など、邪魔されず集中できる静かな環境の研究活動の場を確保した。

　こんなエピソードもある。鬼怒川支川の男鹿川に計画された五十里ダムの現地での技術指導の依頼があった。五十里ダムは高くて目がくらむから見に行かない、とことわっている。高所恐怖症であったのかもしれない。しかし、ダム周辺の地質や現場条件はすべて頭にはいっており、適切なアドバイス、指導をおこなっている。

　長穂は、はたからは一見近寄り難い存在にみえたが、その反面、接してみれば穏やかな性格で、可能な限り相談にのった。

親しい友人

　長穂と心やすく親交のあった秋田県出身の友人には、ドイツ文学者の木村謹治、秋田病院長になった原素行、舞踊家の石井漠、内務省の池田徳治などがいる。また、日本学術振興委員会や東大地震研究所などの役職を通じて、化学者の桜井錠二、物理学者の田中館愛橘、長岡半太郎、寺田寅彦などと親交があった。

　木村謹治（明治22〜昭和23年・1889〜1948）は南秋田郡五城目町大川出身。生涯ゲーテ研究に打ちこみ権威者となる。大正9年（1920）9月から大正12年4月までドイツに留学。昭和7年（1932）に東京帝国大学独文科教授に就任。当時、日本には和独辞典はなかった。謹治は東京帝国大学時代、約4年間の歳月をかけて『和独大辞典』（1937、博文館）を編纂し、日本初の和独辞典として出版にこぎつけた。また、同僚の相良守峯と二人の共同作業で『独和辞典』（1940、博文館）を発刊した。「キムラ・サガラ辞典」の通称で呼ばれた。長いあいだ独和辞典の定番として、全国の大学生にとって必需品の辞典。その発行部数はベストセラーをはるかにしのいだ。

　石井漠（明治19〜昭和37年・1886〜1962）は山本郡三種町下岩川出身。本名忠純といい、明治44年（1911）に帝国劇場歌劇部の第一期生となり、ローシーからバレエを学ぶ。大正4年（1915）に独立し、創作舞踊を志し、大正11〜14年（1922〜25）に欧米各地で公演する。昭和3年（1928）に自ら命名した自由が丘（東京目黒区）に研究所を設立し、創作舞踊の発展に尽くした。のちに、舞踊界では「日本の漠」「世界の漠」と名声がたかまり、長穂は自身のことのように漠の成功をよろこんだ。

　池田徳治（明治24〜昭和40年・1891〜1965）は秋田市保戸野出身。東京帝国大学工科大学土木工学科を卒業し、内務省に勤務する。のちに、雄物川改修事務所長（現在の秋田河川国道事務所の前身）、第一三代内務省東北土木出張所長（現在の東北地方整備局長）や秋田県土木部長、秋田県知事を歴任した。長穂とは同県人、同窓生、同じ内務省勤務ということで、兄弟のような親交があり、何かと相談にのる間柄であった。

詩歌に傾倒

　長穂の趣味といえば、若いころは将棋や日本文学で、後年はテニスと詩歌であった。島崎藤村や与謝野晶子、北原白秋、石川啄木、万葉集などを読みふけった。趣味がこうじて白カルタを購入し、万葉集から啄木にいたるまでの「私撰百人一首カルタ」を自筆でつくっている。新年を迎えるたびに取捨して書きあらためたほど、熱のいれかたであった。

　万年筆を裏返して書く細字が得意であった。一本の扇子に和歌や長恨歌、万葉集、詩、百人一首などを特性の万年筆の細筆で、流麗な筆跡で書きのこしている。扇子に和歌百首を書き、親しい友人にプレゼントしてたり、所内のテニス大会の賞品として準備している。

　その書きのこした歌、晩年の長穂自身の気持ちが詠われているものが数おおく選ばれている。

　大きな業績を残してながらも、その反面、個人的な生活環境など、心中寂しさを秘めていたことがうかがわれる。

　　　いづくやらん　かすかに虫の啼くごとき

　　　　　　心細さを今日も覚ゆる　　　　　　石川　啄木

　　　おもうさま　泣かば心もなごむらん

　　　　　　泣き得ぬ我に似たるくもり日　　　矢沢　孝子

　　　かの星に　人の住むとはまことかや

　　　　　　晴たる空の寂しく暮るる　　　　　若山　牧水

　　　思いきや　月流転のかげぞかし

　　　　　　我こしかたに何かをか嘆かん　　　柳沢あき子

　　　その秋を　なお思ひて悲しみぬ

　　　　　　その後三度芦の花散る　　　　　　吉井　勇

　技術官僚の河川技術者、研究者、大学教授の学者として、精神的に張りつめた連続で、やるべきことに追われた日々であったろう。自然科学、工学分野から全く離れた文学などの人文分野で精神的な解放、気分転換が必要であった。その息抜きの一つが文学や詩歌であり、価値観の多様性を受けいれるうえでの基層となった。

晩年の長穂

　長穂の主著といえば、『水理学』（岩波書店）と『土木耐震学』（常盤書房）があげられる。これらの著書は長年の研究成果を集大成したもので、昭和8年（1933）同時に公刊された。長穂が健康で教育、研究生活に専念できたのは、このころまでであった。

　昭和9年（1934）にはいって、痔病が悪化し、手術のために入院。第1回目の手術がおわった2日後の9月9日、故郷の父長元の訃報が長穂のもとにとどいた。術後で癒えない身体にむちうって、故郷の生家に足を運び喪に服した。葬儀万般をあい済まして帰京したが、回復はおもわしくなく、勤務や研究活動の支障となった。

　このため、昭和11年（1936）に東京帝国大学教授を勇退し、**宮本武之輔**（明治25～昭和16年・1892～1941）がそのあとついで「河川工学」の講座を担当する。宮本は、内務省の技術官僚で利根川改修工事、荒川放水路工事、信濃川・大河津分水自在堰の陥没の補修工事などを手がけ、同年（1936）、名著『治水工学』を公刊した。同書は現在でも河川工学の原典といわれる著書と高く評価されている。

　また、その同年（1936）11月7日、土木試験所長も退官した。11月7日、物部前所長は後任の**藤井真透**（ますき）（明治22～昭和38年・1889～1963）新所長とともに所員を前にして離任と着任の挨拶をし、長穂は10年7カ月間の土木試験所での調査研究生活にピリオドをうった。

　この時期、内務省では勅任技師更迭問題といわれ人事異動があり、世間でおおきな話題となる騒動があった。

　かつて土木局河川課長を歴任し、その後衛生局長となった文系行政官僚の**岡田文秀**が昭和11年（1936）3月13日、新土木局長（昭和11.3.13～12.2.10）に就任する。同年11月17日、**青山士**（あきら）技監のほか、東京、横浜、仙台、神戸、下関の五土木出張所長の更迭問題がおこった。勅任技師の大幅な人事異動で、文系の事務官僚による技術官僚人事への容喙とさわがれた。事務系行政官僚が技術官僚より上位であるという人事権行使で、内務省の組織風土の一つのあらわれであった。（コラム4・明治

時代の行政組織）

　時をおなじくして長穂も土木試験所長を退任しているが、派閥抗争の影響であるかは定かではないが、一定部分影響していると考えられる人事異動であったことをうかがわせる記事がある。物部所長が退任したことについて、当時の土木学会誌の機関紙『土木ニュース』では、

　　　物部さんが退官された。如何に内務省の人事が行き詰っているとはいえ、博士の如き土木界の至宝が第一線を退かれたということは、なんといっても残念なことである。

と、その退官を土木工学界全体で惜しんでいる。

　世は長穂の有能な才能を必要とした。土木試験所長を退官したあと、東京市や東京電灯などのダム建設顧問、万国学術委員会第五部委員長や大政翼賛会調査委員などの要職につき、その裏打ちされた研究手腕がいかんなく発揮された。身体が不自由なため、特殊な椅子を特注して多忙な日々をおくったという。晩年の研究生活は、諸外国の河川関係の論文の寄稿がおおい。昭和11年（1936）から昭和13年（1938）までは、海外の技術論文の最新情報などを精力的に専門誌に紹介している。そして、昭和14年（1939）7月を最後に、ぱったりと途絶えている。長年の無理な研究生活が身体にこたえたのだろう。

　そうした激務が癒えない身体にこたえて、昭和16年（1941）病気が再発。同年9月9日、奇しくも父長元の命日に、おおくの人びとに惜しまれながらこの世を去った。長穂53歳の若さでその一生を終えた。

　長穂を追悼する当時の土木専門誌（『土木技術』2巻10号・土木技術社）の記事から、土木工学界に、いかに大きな衝撃をあたえたかを知ることができる。

　　　物部長穂博士逝去さる
　　　本誌顧問、元東京帝國大學教授、前土木試験所長物部長穂博士が、去る九月九日白玉樓中の人となられた。
　　　氏は人も知る如く學的研鑽にかけては、今日の言葉で表現すれば一分の隙もない臨戦體勢を實践躬行されたと云ってもよい。而も全く稀にみる明晰な頭脳を持つ天才であった。かの「構造物の振動並にその耐振性に就て」の大論文で我國學界の最高榮譽たる恩賜賞を得

られて以來動（ママ）力式堰堤に、橋梁に、支壁堰堤に、水理學上、
　　構造力學上に残された博士の功績は實に大きい。名著「水理學」は
　　前人未踏の天地を開拓した貴重なる文献として、世界的に其の存在
　　を認められた。今、この學的巨星を五四歳の若さを以って喪ひしこ
　　とは我國土木学學界の大損耗であると云へよう。爰に謹んで哀悼の
　　意を表する次第である。

年齢が54歳となっいるのは、当時は数え年による。

　また、当時の秋田魁新報社の新聞記事でも次のように報道している。

　　内務省土木試験所長、帝大工學部教授工學博士物部長穂氏は昨年來
　　自邸で病氣療養中九日午後二時逝去した。享年五十四、博士は仙北
　　郡荒川村唐松神社宮司物部長元氏次男として生れた。氏は明治四十
　　四年東大土木科を首席で卒業大正十四年「構造物振動に關する研究」
　　に對し帝國學士院より恩賜賞を授與され、更に土木學會より第一回
　　土木學會賞を授與されるなどわが學會に寄與したその功績は大きい。
　　昭和十一年東大教授を勇退、後は東京市、東京電燈などのダム建設
　　顧問として活躍し、大政翼賛會調査委員などもかねてゐた。葬儀は
　　十二日午後二時から東京豊島區池袋三の一三七八の自邸で神式によ
　　り執行される

　53年の生涯を通しての研究業績は、凡人が二生も三生もかかってもで
きないことをなし得たのは、もともと非凡であったうえに、目的達成のた
めのたゆまぬ努力と探求精神があった。時代が求めて誕生し、社会的に必
要とされ、宿命を背負い、期待のこたえた人生かもしれない。

　晩年、長穂は自分の研究生活を振り返ってこんなことを述べている。

　　　私はいろいろな分野に関係せざるを得なかったが、やはり一つのこ
　　　とに専念すべきであった。

　長穂の亡骸は多摩霊園に埋葬された。墓碑には長穂の教え子が中心とな
って、募金を募りその功績を後世につたえるため、立派な顕彰銅板が製作
され、はめこまれた。

　日中戦争から太平洋戦争にかけて、戦局の激化と物資の不足をおぎなう
ため、「金属回収令」が勅令される。戦況が悪化し金属拠出の対象となって、
この顕彰銅板は接収された。

物部家の墓域

　現在、長穂の親族が都内に在住しておらず、墓碑をお世話するのに支障をきたしたことから、多摩霊園にあった墓碑は、平成 12 年（2000）5 月に故郷大仙市協和町境の物部家の墓域の一角に家族一緒に移設して埋葬されている。

物部長穂家の墓誌

　近代土木行政の組織の変遷をたどってみたい。明治新政府が樹立された当時、行政機構の確立までは目まぐるしい変革がなされた。公共事業をになう土木行政機構についても同様であった。

　明治元年（1868）10月、河川改修事業を所管する機関として、会計事務局のなかの営繕司に治河使がおかれる。それと同時に治河掛として大阪府知事の後藤象二郎ほか1名が任命される。11月に「大阪ノ埠頭ヲ築造シ淀川ノ堤防ヲ修理スル材料ノ木石ヲ運搬セシム」とある。東京遷都前で、大阪湾の埠頭と淀川が物資の運輸上、最も重要な河川であり、河川の水運を重視した。同元年、治河掛は「今度治河掛被仰付候ニ付テハ全権委任相成候事」と治河使の業務は全権委任され、後藤とおなじ土佐藩出身の岡本健三郎がその役に任命される。岡本は、かつて坂本龍馬が率いる海援隊のメンバーであった。明治2年（1869）8月に民部省は大蔵省と合併され、その11カ月後の翌明治3年（1870）3月、大蔵省と民部省は分離、大蔵省から移管された営繕司が民部省土木司の事務を分割して再度設置された。明治4年（1871）7月、民部省土木司は工部省に移管される。工部省は、工学、勧工、鉱山、鉄道、土木、燈台、造船、電信、製鉄、製作の一〇寮と測量司がおかれた。土木事務は民部省土木寮が所管することになる。同年10月8日に民部省土木寮が大蔵省にのこることになる。

　明治6年（1873）11月、内務省設置が布告され、翌明治7年1月に大蔵省土木寮は内務省に移管される。さらに、明治10年（1877）1月、土木寮は土木局に改称。内務省土木局の発足である。土木局は戦時下の昭和16年（1941）に国土局に改称されるまで65年間つづき、昭和22年（1947）12月の内務省解体まで、近代国家への基礎となる社会資本整備の土木事業をになう行政機関として、その重要性は不変であった。

　その一方で、文系の行政官僚にくらべて土木、砂防職などの技術官僚は低い地位の待遇であった。それは、政策立案や国家の意思決定から技術官僚を遠ざける組織方針であり、内務省発足当初よりの基本戦略であった。これが処遇として反映された。

水理学とは

　人類は、狩猟採取生活から水辺をたどって定住生活へと移行していく。この段階から、人びとは水を組織的に利用しはじめている。水利用や水害から生命を守るため、経験の蓄積をもとにして活用し生活をささえてきた。水の動きは最も身近な問題であった。

　このように、水についての経験的な事実を現実問題として工学的に取りあつかい、数理的に解明する学問が「水理学」である。この名称は土木工学の分野ではかなり前から用いられている。

　その内容は機械工学でいう「水力学」とほぼ共通しており、ただ応用方面が違う関係上、水理学では開水路の流れや地下水流などが比較的くわしく取り扱われている。

　土木工学でいう水理学のような関連分野には、水理学と親戚関係にある理学・工学分野にも多数類似のものがある。流れを取り扱う分野では、物理学・気象学・海洋学・音響学・機械工学・航空工学・船舶工学・農業工学などがある。

　これらの「流れ」を扱う分野は英語の Hydraulics に対応し、その基礎的な理論を重視する分野は Fluid mechanics や Hydro science と呼ばれる。水理学は物理学の一分野である流体力学を基礎理論として、水の動きに関連する分野を工学的に取りあつかう学問といえる。土木工学のなかでも中心的な分野である。（コラム5・土木の語源）

　水理学という、その学問体系が確立するのは、大正15年（1926）に創立された内務省土木試験所の本格的な水理実験施設である岩渕分室の施設が完成する昭和7年（1932）ころまで待たなければならなかった。水の流れを水理実験によって検証し、理論的に解明する必要があったことによる。

　日本語による体系だった書籍として、昭和8年（1933）に公刊された長穂著の『水理学』（岩波書店）が我が国としては最初である。

　つまり、物部長穂は、我が国において水理学という新しい学問分野を体系づけた草分け的な存在の先覚者。また、英語の Hydraulics を日本語で「水理学」と表現したのも長穂である。

　英語では土木工学を Civil Engineering、土木技術者を Civil Engineer と呼んでいる。市民にかかわる工学、技術ということになる。Military Engineering から分かれた産業革命以降のエンジニアリングは Civil Engineering と呼ばれるようになった。

　現在呼称されている「土木」という用語は、本来の意味とはかけ離れた言葉になっている。どうしてだろうか。

　土木学会で発表した『土木技術の発展と社会資本に関する研究』(昭和60・1985) という論文のなかで、**佐藤馨一**北海道大学教授は「土木技術」という言葉について考察し、

> Civil Engineering は、「公共事業」という語感がある。
> それをそのまま和訳すると「普請」がもっとも適切な用語となる。先人は Civil Engineering を「土木技術」と邦訳したのは、用いる材料、技術の対象、そして目的（公共性）までをその言葉のなかに含めた

と論述している。

　土木の語源は「築土構木」という言葉からといわれる。紀元前150年ころ中国の古典『淮南子（えなんじ）』の中巻『一三氾論訓』の一節に、「冬日則不勝霜雪霧露 夏日則不勝暑熱蚊虻 聖人乃作 為之築土構木 以為家屋上棟下宇 以蔽風雨以避寒暑」とある。劣悪な環境で暮らす困りはてた人びとをみた聖人は、救済するために土を積み（築土）、木を組み（構木）、暑さ寒さ、風雨雪をしのぎ、暮らしの環境をととのえる事業をおこなった、という大意。

　貞観11年5月26日 (869年7月13日)、三陸沖を震源とするM8.3の「貞観の三陸沖地震」を記述した『日本三大実録』には、「木工寮木工頭」の技術者を派遣、『源平盛衰記』に東大寺建立を記述した部分には、「土木（ともく）ノ記録」とある。藩政時代には、現在の土木という用語は「普請」、建築は「作事」とよばれ、奉行がその職をつかさ（司）どっていた。

我が国初の水理実験

大正 15 年（1926）土木試験所岩渕分室に水理試験所が設立された。我が国最初の水理実験は、仙台土木出張所(現在の東北地方整備局）から依頼があった、新北上川の飯野川大堰に関するもの。北上川を石巻市街地からきりはなして、直接太平洋に流しこむように計画（新北上川）された防潮堰である。

この水理実験の成果は、昭和 5 年（1930）2 月に「土木試験所報告第十五號」の『北上川降開式轉動堰模型実験』としてまとめられた。水理実験の総括指導は物部長穂所長、主務が青木楠男技師、担当は伊藤令二技師。水理実験は、

北上川降開式轉動堰模型試驗

内務技師　物部長穂
内務技師　青木楠男
　　　　　伊藤令二

本試驗は内務省仙臺土木出張所の依頼により本所岩渕分室の水理試験設設備に依て行ひたるものにして、本報告はこの試験設備の大略と、其の最初の事業たる北上川、飯野川町地先に新設せらるゝ降開式轉動堰に關する模型試験の結果とを記述せるものなり。

第一章　水理試験設備
第一節　實驗設備

實驗設備の主なるものは、河川港灣一局部の模型を作り、流水、風波等の作用を試験するための工法試驗槽と、水理現象の試験を行ふための水理試験樋と、實驗用水を供給するための低水槽、高水槽、其他の給水裝置にして、このほかに沈砂槽、貯砂槽、排水裝置等の附屬設備を有し、之等は凡て採光充分なる木造バラック内に裝置され、天候の如何に拘らず實驗に支障なき程度に準備せり。

1.　給水裝置　實驗用水の供給は内務省東京土木出張所岩渕工場構内に設けられたる堀抜井戸により、地下埋没管によって實驗室の低水槽に導きこれを循環使用せり。

實驗用水の貯溜並に循環使用のための裝置を大別するに、低水槽、高水槽、稙頭水槽、及ポンプ裝置の四となる、各々の構造は附圖第一及第二に示すが如くにして、各水槽とも鐵筋コンクリート造にして將來本所河川及水理試験本設備の一部をなすものなり。

低水槽は實驗用水の貯溜槽にして、工法試驗槽の下部に位し、地表面下約一米の深さを有す、幅員2米、長さ約22米、高さ1.6米にして、其の一端に設けられたる吸水室を加ふれば約80立方米の總貯水量を有す。

高水槽は試驗水槽へ一定水頭の水を一定量づゝ供給せんがために設けられたるものにして、地表面上約3.7米の高さを有し、8本の鐵筋混凝土柱によつて支持せらる。幅3.5米、

(1)

我が国初の水理実験報告書

ゲートが川底に潜りこむ方式のローリングゲートで、当時としては大変珍しい構造。通常のゲートは、洪水時に引きあげる構造となっている。

水理実験設備はすこぶる貧弱なものであったにもかかわず、予想以上の成果をおさめた。我が国で最初の水理実験が実施されたが、今後は、これからの水理実験の亀鑑事例となり、将来、水理学の発展に大いに貢献するだろうと、その意義を強調している。水理実験施設の計画から仮の設備が完成し、実験ができるようになった。岩渕分室が設立されてから 3 年の歳月がたっていた。物部所長にとって念願叶って、このうえない喜びと充実感を報告書からうかがえる。

飯野川大堰

新北上川は、明治44年
(1911) から昭和年9年
(1934) までの24カ年継続
事業として、柳津から飯野川
に新たに河道を開削したもの。
新潟県の大河津分水工事と同
時期に施工された。飯野川町
相野谷の新北上川の河口から
14.8km地点に建設された飯野
川大堰は、大正14年（1925）
5月に地質調査が開始され着
工。北上川転動堰（飯野川大

飯野川大堰の工事状況
（写真提供・北上川下流河川事務所）

堰）の水理実験は、昭和4年（1929）7月から11月までの5カ月にわたり、
土木試験所岩渕分室の水理実験施設で実施された。

　飯野川大堰は、新北上川流量を平水時でも、かんがい用水の確保、塩水
遡上の防止、河床保護などを目的としている。具体的に、飯野川地先に可
動堰を設置し、これまでの旧北上川の機能の一つである船舶の航行や取水、
河道の保全などの機能が、改修したあとも従前どおり維持されるように、
放水路を開削して低水分流をおこなうように工事が実施された。

　昭和7年（1932）2月に完成したとき、堰長408.9mの雄大な姿をあら
わした構造物は、当時、東洋一の規模をほこる堰。我が国の土木技術の総
力を結集して築造され、土木史に輝かしい1ページを飾った。ほぼ同時代
に建設された信濃川の大河津分水工事（陥没事故を克服）などとともに、
我が国における大規模土木工事として、斯界の注目をあつめた国家的なプ
ロジェクト。

　鋼製ローリングゲートは、塩釜製作所（現在の東北技術事務所の前身）
で設計・製作および据え付けが昭和4年（1929）10月からおこなわれて
いる。

大河津分水工事

　北上川新川開削や分水施設の飯野川大堰建設工事と同時期の明治44年（1911）、新潟県の信濃川開削の大河津分水工事が着手された。

　長野県を源流とし、広大な蒲原平野を氾濫原とする信濃川にたいする治水工事を内務省が総力をあげた直轄工事。信濃川の流路が最も日本海に接近する大河津から寺泊海岸へ放水路を開削し、洪水流をはやく日本海に流すための工事。大正11年（1922）に放水路に通水をはじめ、昭和2年（1927）に当初計画から若干おくれて一応の完成をみた。一応の完成というのは、この年の6月24日に分水路の入り口にある自在堰8連中3連が突然陥没する深刻な事態となる。信濃川本流の水は全量放水路に流れこみ、蒲原平野へのかんがい用水と新潟市への水道用水の供給がストップした。

　ことの重大さに、この年の12月に大幅な人事異動がおこなわれる。自在堰補修工事のため、荒川放水路や岩渕水門工事の経験をもつ**青山士**が新潟土木出張所長（現在の北陸地方整備局長）、工事事務所長に**宮本武之輔**が任命される。

　自在堰陥没の原因は、分水路に床固めがしっかりと設けられていなかったため、河床低下がおこり、自在堰の上流と下流で極端な水位差が生じ、基礎の砂が吸いだされたことによる。そもそも、大河津分水路は、天然の川とは逆に、上流で川幅が広くて流れが緩やかであるのに対して、下流では川幅が狭く流れは速い。それゆえ、堰の計画地点は、河床が固い岩盤でなければ、しっかりとした根固め工事を実施しなければならない。流れが速い洪水になると堰の下流側で河床洗掘がおこり、自在堰は傾斜陥没の要因となる。

　ところが、最初の工事では、ベアトラップ式の自在堰の製作に予想以上の費用がかかり、床固め工事、自在堰の基礎工事、水叩き工事に十分な費用がかけられなかったことが最大誘因であるとされた。補修工事は、すでに自在堰は使用不可能で、これをあらたに可動堰本体をつくりかえること、可動堰工事、分水路床固め工事、付帯低水工事でおこなう四工事でおこなうこととした。

昭和6年（1931）4月には四工事が完成し、可動堰仮締め切りをくずして通水し、網扉の開閉運転をおこない、安全性が確認される。そして、6月21日に竣工をむかえた。自在堰陥没から4年が経過していた。

　本間仁（明治40～平成22年・1907～2020）は、大学時代、長穂の「河川工学」講座の講義を受講していたが、卒業研究のテーマを何にするか、選択に迷っていた。当時、父親の本間源兵衛は東京土木出張所の技師で、物部所長に根回しをしている。父から土木試験所を訪ね、卒業研究のテーマの指示をうけるよう言われる。長穂は、本間に『ローリング・ダムの堰體設計法』と題する文献を手わたし、この論文を読み、この設計法をつかって現地にそくした設計をおこなうことを卒業研究のテーマに決定した。現地は信濃川分水路の可動堰である。

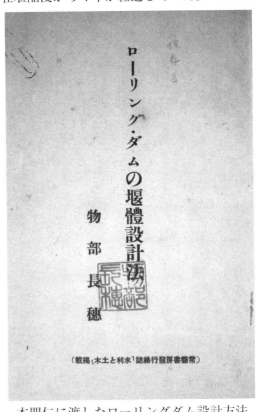

本間仁に渡したローリングダム設計方法
（所蔵・大仙市アーカイブズ）

　新潟土木出張所長の青山士、工事事務所長の宮本武之輔というメンバーで、新たに昇降扉型式の可動堰の計画があった。それを長穂は本間に託したのである。

　本間は、昭和4年（1929）の大学3年生の夏に現場におもむき、現地調査や資料を収集する。卒業研究として、この可動堰の設計をローリングダム設計法を参考に、現地調査で得られたデータをもとに設計図を作成し、見事、新たな可動堰を完成させた。

著書『水理学』

　本間仁は、大学卒業と同時に昭和5年（1930）、内務省土木試験所に勤務する。長穂は、本間を将来、「水理学」の研究分野を発展させる後継者として才覚ある人物として見抜いていた。本間は、最初の1年間は文京区本駒込上富士にあった本所で、長穂が準備していた『水理学』の原稿整理やグラフの作成の手伝いをした。水理学、図表学の勉強のほか、長穂の配慮により、週2日、東京帝国大学の数学科に通い、高等数理学の基礎を修得した。2年目から赤羽の岩渕分室にある水理実験施設で「水理学」の原稿整理をしながら水理実験をおこなっている。

著書『水理学』原稿
（所蔵・大仙市アーカイブズ）

　当時、土木試験所では、アメリカ、イギリス、フランス、ドイツ、イタリア、スイス、スエーデンなど各国の学術、技術雑誌を取りよせていた。長穂は、これらの雑誌のなかから水理学関係の研究論文、実験報告、調査資料を書きとどめた資料集をつくり、それを取りいれた本の原稿を作成していた。水理学関係の本といえば、ドイツ・フランス・オーストリアで出版されていたが、その取りあげられているテーマの範囲は限られていた。

　長穂は、自分は「河川の改修などの仕事を本業としている」と語っている。それと同時並行で耐震工学の調査研究も手がけていたが、長年の研究成果を蓄積し集大成した『水理学』の書が、昭和8年（1933）3月に岩波書店から工学書として公刊された。

この『水理学』は、全24章580ページにおよぶ大冊。当時の世界中の
あらゆる関連文献が整理して網羅されて掲載されている。また、岩渕分室
の水理試験所で、必要なものは水理実験などで検証し補足し、理論的な裏
付けがなされた。

　包含範囲やその内容は諸外国のものを凌ぐもの。世界的にも最高水準の
内容。我が国では初めての「水理学」という新しい学問分野として体系づ
けられた著書であった。この著著は逆に諸外国から手本とされ、背水の物
部理論などが世界的に広まっていった。現在も不朽の土木工学の古典名著
として、学界のなかも圧倒的な支持がある。土木研究所ダム部で勤務した
松本徳久が平成11年（1999）、韓国水資源公社を訪問したとき、背水計
算は物部の式でおこなっており、物部の理論を超えられないのが残念であ
ると聞いたという。諸外国でも、その業績が現在でも高く評価されている
公式である。

　発刊に際して岩波書店では、この
『水理学』を定価20円で販売する
予定であった。しかし、長穂は、学
生や若い研究者にとっては高かすぎ
て入手できない、と再三出版社と交
渉している。しかし、折りあいがつ
かず、ついに原稿引きあげという決
裂寸前の事態となってしまったが、
昭和8年（1933）3月初版として発
刊された。当時、岩波書店の顧問を
していた物理学者の**稲沼瑞穂**（明治
41〜昭和40年・1908〜1965）の調
停によって、本の定価は5円80銭
で販売されることで決着した。後年、
稲沼が長穂を評して、「ずい分変わ
った人だ。お金の入るのを嫌がって

『水理学』の奥付

いるのか、と書店でもいぶかがしがっていた」と述懐している。長穂の教
育者としての神髄、熱意を垣間みるエピソードである。

『水理学』の発展

　長穂は、この『水理学』の著書について、

　　本書は一九二一年（大正10）起稿以来十餘年の歳月を閲し、その間稿を改むる事三、四回に及び、一九三一年（昭和6）末迄の各國文献より資料を撰擇し、その足らざる所は自己の研究を以て之を補いひ實用並に研學上重要なるものは殆んど網羅した積りであり、特に歐州の學理と米國の實用を兼ねしむる爲に少なからぬ勞力を費した。

とその経緯を述べている。

　その後、この『水理学』は、昭和13年（1938）5月までに第七刷発行され、専門書としては異例の部数を記録している。昭和14年（1939）9月には増補改定版の第一刷が発刊される。

　改訂版の第13章の背水では、不等速定流の一般的性質、広矩形水路とそれ以外の水路の背水曲線、低下背水曲線、背水の合理的解法より構成されている。

　補遺には、各章のさらなる詳しい説明がくわえられて記載されている。

　本間は、我が国における水理学の創始者である長穂の後継者として、内務省を経て、その後、東京帝国大学工学部土木

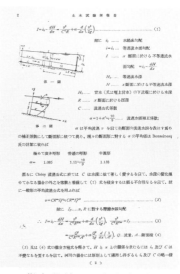

背水曲線の一般的解法
（土木試験所報告第 21 号）

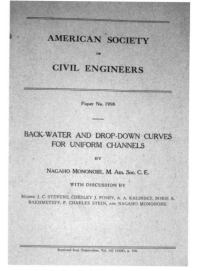

米国土木学会への投稿論文
（所蔵・大仙市アーカイブズ）

工学科の教授となり、水工学を専門とする教育者の道を歩む。第六講座、土木工学第二講座を担当。この分野において、おおくの指導的研究者、技術者を輩出した。

　物部『水理学』が「古典水理学」といわれるのに対して、本間は、あらたに近代流体力学を基礎に理論体系化し、世界にさきがけて「近代水理学」に発展させた。

　この書は、学生の講義用のテキストとして使用され、最新の知見を取りいれで何度も改訂された。最終的に昭和37年（1962）に丸善から『標準水理学』が決定稿として出版される。

　改訂にあたっては、大学で長穂の教えを受けた人や土木試験所に奉職した研究者で執筆を分担している。そのなかには、その後の水理学の発展に大きく貢献した**佐藤清一**、**吉川秀夫**、**岸力**、**高橋裕**など、そうそうたるメンバーが顔をそろえている。

増補改訂版の『水理学』

　話はもどるが、昭和16年（1941）から昭和18年（1943）に土木学会に「水理公式調査委員会」が組織され、**安芸皎一**を委員長に、それぞれの公式を検討し、昭和23年（1948）12月、『水理公式集』初版として土木学会から発刊された。その内容は、長穂と本間の『水理学』の基礎理論や公式がベースとなっている。

　この水理公式集は、土木技術者にとってバイブル的な存在で、各種設計基準やマニュアルの原点書となっている。

水系一貫の河川計画管理

　明治時代初期の河川改修は低水事が重点的にすすめられた。幕藩時代の交通運輸体系は、街道が整備されたものの、大量輸送手段は陸上の牛馬車運搬より、舟運がよりおおくの物資を遠くまで運ぶのに好都合で、海上輸送路や河川舟運の航路網も整備された。

　海上輸送と連結した河川舟運の機能を有効に発揮させるよう、低水路の河身を安定させ、川舟のおおきさに応じた航路を確保し、川底の浚渫や川路開削、障害物の除去など、水害防除とともに各地の主要河川で低水路工事が実施された。低水工事の特徴は、河口部に位置する港湾整備と一体となった河川改修事業で、河口部に堆積する土砂対策の浚渫工事や、供給源の土砂流出抑制の砂防ダム工事などとともに洪水の疎通能力の向上もはかろうとするもの。

　明治25年（1892）に「鉄道敷設法」が成立すると、内陸の運輸、輸送体制は、海上輸送、河川舟運から陸上の鉄道におおきく舵をきり、内陸の鉄道網が整備される。舟運は、舟から舟への積荷積おろしに時間がかかり、気象条件にも左右され定時性に難がある。それにたいして鉄道は短時間で大量輸送が可能で定時性でも有利な施設。

　河川事業は、河身改修などの低水工事から、堤防の構築による水害防御の高水工事へとおおきく転換する。築堤工事は府県の負担による府県事業。水害防御の築堤は、上流と下流や、堤防の左岸と右岸で高さが異なれば、当然ながら利害関係が対立する。治水事業を国直轄でおこなうようもとめられる。米を中心とした農業生産の向上をはかろうと、国土経営面から河川が出水したとき、流水を堤防のなかに封じこめ、できるだけはやく海に流そうとする、農業基盤整備を前提とした「治水」中心主義の考えかたであった。

　国土基盤の治水事業が進展するとともに、近代工業の発展、社会状況や国民生活はおおきく変化する。産業の動力源として水力発電を目的とした河川開発がおこなわれる。最初は石炭による火力発電が中心であったが、水力発電に移行しつつあった。明治44年（1911）に「電気事業法」が制

定される。ここに、我が国でも河川の流水を資源として利用する「利水」の考えかたが登場した。

　河川水をがんがい用水に利用していた慣行水利権者や電気事業者のダム建設など、資源としての河川利用の多様性がもとめられた。新しい国土経営思想が動きだす。ダムによる治水と利水の組みあわせ、という理念に発展していく。

　このような社会経済情勢を敏感に感じとった長穂は、大正14年（1925）10月、土木学会誌（第11巻5号）に論説報告として、『貯水用重力堰堤の特性並に其合理的設計方法』と題する大論文を発表。この論文で、多目的ダム論を展開している。さらに翌年に『我が国に於る河川水量の調節並に貯水事業に就て』という論文で水系一貫の河川計画管理を提唱した。

　河川法が制定されて大河川治水を中心とする河川改修から、本流をふくめて中小河川の支流まで、上流の水源から河口まで河川に降水が集まる流域の水系全体でバランスのとれた河川開発、河川管理を一元化にすべき、という転換の考えかたである。

論　説　報　告

土木學會誌　第十一卷第五號　大正十四年十月

貯 水 用 重 力 堰 堤 の 特 性

並　に

其 合 理 的 設 計 方 法

會員 工學博士 物　部　長　穂

内　容　梗　概

　本研究は前後兩編より成り、前編に於ては先づ各國に於ける貯水事業の發達並に其現況を述べ、特に本邦に於ける該事業の特徴を論じ、次で各國に於ける貯水用重力堰堤の設計に關する學觀を論評し、進んで本邦の國狀に適切なる設計方針を提案し、更に重力堰堤に對する地震力の影響を研究せり。

　後編に於ては著者の提案せる設計方針に則り、從來の如き試算的方法を用ひずして簡單なる計算に依り一擧に斷面形を決定する新設計方法を提案するものにして先づ外力に對する安定條件を滿足する如き基本形狀を定め、之に實用上必要なる修補を加へ、次に溢流堰の理想的形狀を理論上より決定し、更に進んで高堰堤の下部に於て底應力又は主應力を許容限度以下に止めんが爲に必要なる斷面形を理論上より決定し、最後に提案せる新方法に依りて決定せる斷面が必要なる安定條件の悉くを滿足し得る事を實用に就て算證せるものなり。

前　編

目　　次

第一章　各國に於ける貯水事業並に貯水用堰堤の特性に就て……………

第一節　各國に於ける貯水事業の發達並に其現況……………

水系一貫の河川計画管理の提唱論文

63

多目的ダム論

　長穂は、水理学の関連で、とりわけ河川の改修とともにダムの計画論や設計論に意を注いだ。前掲の『貯水用重力堰堤の特性並に其合理的設計方法』のなかで多目的ダム論を展開している。水理学の分野でダム設計など基礎理論のみならず、国家的視野で国土開発をおこなう、新たな視点の政策論を提言しているのである。

　この論文の要旨は

　　一、河道が全能力を発揮する期間は極めて短いので、貯水による河
　　　　川水量の調節は洪水防御上有利である。

　　二、発電が渇水に苦しむのは冬期であり、その季節には大洪水の心
　　　　配がないので、洪水調節容量は発電に利用できる。夏期渇水に
　　　　対しては多目的として貯水池を多少大きくしておけばよい。

　　三、貯水池地点は、我が国では一般に有利なところが少ないので多
　　　　目的に利用すべきである。治水、潅漑用水のものはなるべく平
　　　　地の近くに設けるべきであり、発電用には上流部のものが有利
　　　　である点から、水系的に効率的・有機的に運用すべきである。

　　四、大規模貯水池の下流には小規模貯水池（逆調整池）を設けるべ
　　　　きである。

　　五、貯水池埋没対策として、将来、砂防工事を大規模に施工する必
　　　　要がある。

　　六、計画については、河川全般に通暁した人々によって計画すべき
　　　　である。

　　七、耐震的設計法によれば、地震にも心配する必要はないと思う。
　などのことを考察し提案している。

　砂防工事、ダムの耐震設計方法など、総合的な治水・利水計画を推進するための、多目的ダムの必要性を説き、基本的事項が網羅されている。

多目的ダムの貯水池運用方法

玉川ダム
(写真提供・玉川ダム管理所)

　それでは、長穂が提唱した「多目的ダム」とはどのようなものであろう
か。具体的に玉川ダムを例に、多目的ダムの貯水池の運用方法をみてみよ
う。

　玉川ダムは、秋田県南部を流れている雄物川水系右支川玉川に建設され
た重力式コンクリートダム。昭和50年(1975)に着手され、平成2年(1990)
3月に完成。調査のための事務所が開設されたのが昭和48年であるから、
17カ年の歳月をかけ総事業費1220億円の巨費を投じた国家プロジェクト。

　河川での右岸・左岸とか右支川・左支川とかは、上流側を背にして上流
から下流を見て、右側かそれとも左側かで、そう呼んでいる。つまり、右
支川とは、下流に向かって流れる雄物川本流に対して、右側から合流する
支流が玉川であるから、右支川玉川ということになる。

　玉川ダムは、秋田県大仙市田沢湖町に建設省直轄で建設された高さ約

100mの多目的ダム。国が自ら建設することを直轄事業といい、県などの地方自治体が建設することを補助事業という。

　そのダムが一つの目的で建設されたのが専用ダムである。たとえば、電力会社で発電だけを目的としたもの。利水事業者のがんがい用水のため池も専用ダム。それに対して、二つ以上の目的をもつものが多目的のダムである。

　玉川ダムの場合、多目的で、次のとおりで計画された。

　　一、洪水調節

　　　　ダムが建設される地点における計画高水流量毎秒2800㎥のうち、毎秒2600㎥の洪水調節を行う。

　　二、流水の正常な機能の維持

　　　　下流のかんがいなど既得用水や動植物や魚類の生息環境、景観など、川が本来もっている機能を維持するために、必要な水量を補給する。

　　三、かんがい用水の供給

　　　　雄物川や玉川沿岸の約1200haの農地に対して、かんがい用水の補給を行う。この用水の補給は、専用の施設を新設・拡張して行う。

　　四、水道用水の供給

　　　　秋田市に対して新たに一日最大110600㎥、雄和町に対して2300㎥の水道用水の取水が可能なようにダムから放流する。

　　五、工業用水の供給

　　　　秋田県に対して、新たに一日最大452500㎥の工業用水の取水が可能なようにダムから放流する。

　　六、発電

　　　　玉川ダム建設にともなって新設される玉川発電所で、最大出力23600Kwの発電と、下流の二つの発電所で電力量の増加を図る。

　つまり、六つの目的をもった多目的ダム。洪水調節と流水の正常な機能の維持は河川管理者の国である建設省（現在の国土交通省）、かんがい用水の供給は農林水産省と受益者の農家、水道用水の供給は秋田市と旧雄和町、工業用水の供給は秋田県、発電は秋田県企業局。これらの国・県・市・

流　域　面　積	287　km²	洪 水 調 節 容 量	107,000,000　m³
計 画 高 水 流 量	2,800m³／sec	湛　水　面　積	8.3　km²
計 画 放 流 量	200m³／sec	湛　水　延　長	9.3　km
調　節　流　量	2,600m³／sec	サーチャージ水位	EL.402.4　m
ダム設計洪水流量	3,500m³／sec	常 時 満 水 位	EL.397.4　m
総 貯 水 容 量	254,000,000　m³	洪 水 期 制 限 水 位	EL.387.2　m
有 効 貯 水 量	229,000,000　m³	最　低　水　位	EL.353.7　m
堆 砂 容 量	25,000,000　m³	設 計 洪 水 位	EL.404.1　m

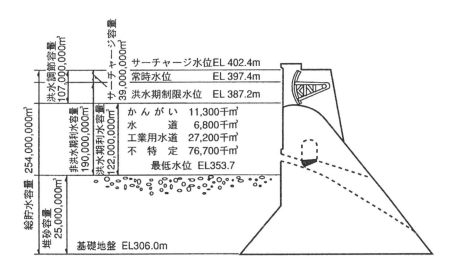

町などが事業参加の共同事業として、国の河川管理者である建設省がダム建設事業を実施し、それぞれの機関が応分の費用負担（アロケーション）する。それぞれ個別にダムを建設すると高価となるばかりでなく、技術的に多くの問題をかかえたり、ダム建設地点も限られている。

このために共同事業でおこなわれる。ダムが完成すればダム構造物は河川管理者の財産となるが、ダム事業参加者は、ダム使用権が設定されて貯留水を利用できることになる。ダムでの貯留水の利用状況の模式を前掲に図示した。

いちばん下にあるのが堆砂容量。ダムの上流から土砂が貯水池に流れこむ。ダムが完成して100年間に堆積する容量を見積もって計画されている。よく、砂がたまってダムが機能しないのではないかと心配する声を聞くが、その分は見こんで計画されている。その容量は2500万㎥。

洪水調節は、洪水期制限水位からサーチャージ水位までの区間の1億700万㎥の容量を利用して貯留される。大出水の頻度が大きい時期が洪水期間で、6月16日から9月30日までとしている。対象とする洪水は、100年間に1回の割合で出水する大洪水を想定し、ダム地点で毎秒2800㎥としている。現在ではコンピューターなど電子機器が発達し、雨量から複雑な計算で流出量を算定しているが、それ以前は、物部公式を基本として雨量から洪水の流出量を求めていた。この100年に1回の割合で発生する大洪水を計画高水流量といい、このうち毎秒2600㎥をダムに貯留して洪水調節をおこない、毎秒200㎥だけをダムから下流に放流される。なお、洪水調節容量は、不測の事態も想定して、200年間に1回の割合で発生する基本高水流量に相当する容量を確保している。洪水調節容量／流域面積＝373mm。これを相当雨量と呼んでいる。雨がダムに集まる流域面積に、一様に373mmの雨が降ったとき、一滴の雨ももらさずダムに流入しても、この洪水調節容量で貯留できる実力をもっている。

このため、洪水期間には貯水池の水位を洪水期制限水位まであらかじめ下げておく。夏場にダムを訪れて水位が下がっているのをみて、渇水で水不足ではないかと心配する人がよくいるが、洪水の調節容量を確保しておくために、貯水池の水位をあらかじめ制限水位まで低下させている。出水は洪水期間にばかり発生するとは限らない。融雪などでも出水がある。非

洪水期間の洪水調節容量はサーチャージ容量を利用する。したがって、非洪水期間には、貯水池の水位は常時満水位まで上げておけば、より有効に水利用ができる。

　洪水調節計画は100年間で1回の割合で発生する確率で計画しているが、流水の正常な機能の維持やかんがい、水道、工業用水などの貯留水を利用する容量は、10年間で1回の割合で発生する確率の渇水流量で計画されている。異常渇水で水不足する場合、みんなで節水して事態に対処しようとするもの。渇水確率を高めた計画では、ダムの規模が大きくなり過ぎるからである。洪水期間にかんがい用水など、これらの水量が不足すれば、最低水位から洪水期制限水位の区間の容量が利用され、不足量はダムから放流される。その容量は全体で1億2200万立㎥である。洪水期間でないときは、その容量は1億9000万㎥となる。

　火力発電や原子力発電は、二酸化炭素や核廃棄物が発生する。それに対して水力発電は無尽蔵の無公害クリーンエネルギー。ダムの落差を利用した位置エネルギーで発電され、その後、発電に利用された水は下流へ流れ、かんがい用水などのために取水される。また、ダムに流入する余分な水量をダムに貯留することによって、ダムから放流される流況が平準化されるので、より水の有効利用ができる。発電は特に貯水池での利用する容量はもっていない。貯水池の有効利用や発電効率を高めるために、非洪水期間は常時満水位に保たれている。発電が特別に容量をもっていないものは、従属式発電と呼ばれる。

　このように、一つのダムで多数の目的のために利用されるのが多目的ダム。長穂は、『貯水用重力堰堤の特性並に其の理的設計方法』や『我が国に於る河川水量の調節並に貯水事業に就て』などで、多目的ダム論を提唱した。その提唱した理論の先見性は、今日の河川行政の根幹をなしている。（コラム6・緑のダム論）

　森を大事にすれば人工のダムは必要ないという意見がある。その特徴は、ダム不要論が三段論法で構成されている。

1. 森が水を育んでいる（自然環境が豊かな森は水源涵養をになっている）
2. 森が緑のダムである（ブナ原生林に代表されるように保水能力がある）
3. 森を大事にすればダムは必要ない（自然環境を破壊する人工の最大級の大規模構造物はダムで、ムダである）

情緒的に「緑のダム論」が展開されている。

　山体の構造は、下位から、基盤岩、残積土層（母岩から離れず上層をなしている）、崩積土（よその場所に運ばれて堆積したもの）、山地土壌（植物が育つ基盤となる）より構成されている。

　残積土層や崩積土、山地土壌の厚さは、せいぜい1〜2m程度。山体のごく表面にすぎず、透水性が極めて大きく、保水能力はない。

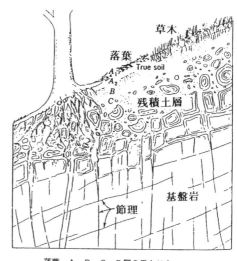

落葉、A、B、C、D層の重なり合い
山体は、落葉、A、B、C、D層（基盤岩層）の重なり合いで出来ている。

山体の構造
（岡本芳美・『緑のダム・人工のダム』より）

　山地の保水機能は、基盤岩の無数の節理や亀裂に水が貯留される。ブナ原生林が生育する環境は標高の高い大きな山体。山体自体が保水機能を有しており、干ばつでも亀裂から水が徐々に長期間湧きでる。

河水統制

　長穂が提唱した「水系一貫の河川計画管理」や「多目的ダム論」の理念が、具体的にどのように事業展開されていったのだろうか。

　昭和6年（1931）の満州事変以降、予算事情などから治水事業は衰退期をむかえる。昭和9年（1934）9月の室戸台風による水害など、全国各地で頻発した未曽有の水害は、水源山地や渓流の荒廃、未改修河川などがおおきな要因であった。このため、専門家で構成された「土木会議」の議論で「河川の上流に洪水を貯留し洪水を軽減すると共に各種の河川利用を増進する方策を講ずるは治水政策は勿論国策上最も有効適切なるを以て速に之らに調査に着手し『河水統制』の実現を期すること」が政府に答申された。

　河川行政は、当初は農業基盤整備のための治水を重点にすすめられたが、河川事業の中心が、治水と利水を組み合わせた工業基盤整備という方向に動きだした転換点でもあった。

　河水統制事業が策定された時代は、昭和3〜同8年（1941〜19）の第一次世界大戦により工業を著しく進展させ、特に重化学、機械工業が発達した時期。その産業を支える都市人口が増大する。第二次産業の発達によって工業用水、生活用水の安定的供給が課題となる。

　河水統制事業の緊急性について、内務省技師高橋嘉一郎技師は、土木学会の河川講習会（昭和14・1939）で、次のような認識をしめしている。

　　　灌漑用水は今日迄自由気儘に取りいれて来たのであるが、今や人口
　　　の増加、工業の発達に伴って他に用水の需要が次第に多くなり、水
　　　の使い方を最も有効適切にし、以て天然資源に恵まれている事の少
　　　ない我が国に於て少しでも多く役立つ様に開発せねばならぬと言ふ
　　　情勢に到った

　これはまさしく、長穂が提唱した理念にほかならない。『貯水用重力堰堤の特性並に其合理的設計方法』を発表した翌年の昭和元年（1926）には、水系一貫の河川計画管理や多目的ダム論の具体的展開として、五十里ダム（栃木県）を鬼怒川改修計画の中におりこまれ、長穂自ら、五十里ダムの

河水統制事業によって完成した田瀬ダム

石淵ダム

湯田ダム

四十四田ダム

御所ダム

北上川ダム上流五大ダム群
（写真提供・北上川ダム統合管理事務所）

設計をおこなった。このダムは、計画直後から地質調査が開始されたが、地質条件が悪く戦前は実現しなかった。同ダムは、ダムサイトを変更して昭和25年（1950）から工事が着工された。長穂のモニュメントである高さ112mの重力式コンクリートダムが昭和31年（1956）にその雄姿をあらわした。

　特筆すべきは、北上川河水統制事業である。この計画は、内務省技師の**富永正義**が北上川治水計画として策定。我が国のT・V・Aといわれる事業である。北上川で最もおおきな課題は、狭窄部との関連を含めて一関市周辺の平地をどのように処理するのか。中流狭窄部から上流部の改修計画について、治水と発電を結びつけて五つのダム群が計画された。上流から本川の四十四田ダム、右支川雫石川の御所ダム、左支川猿ケ石川の田瀬ダム、右支川和賀川の湯田ダム、右支川胆沢川の石淵ダム。

　河水統制事業は、そのうちの一つ、北上川の最大左支川の猿ケ石川上流渓谷の田瀬ダムを対象とした。山間地に貯水池を設け洪水調節をおこなう方式。これは、北上川上流改修計画を満足させるだけでなく、多大な電力も獲得でき、海軍の要望にも応じられる、と利水開発は水力が中心の計画であった。この水力発電は、海軍の人造ガソリン製造と結びついていた。

　田瀬ダムは、昭和17年（1942）に着工し、太平洋戦争激化で一時中断する。戦後、昭和22年（1947）のカスリン台風、翌年のアイオン台風により改修計画が改定され、ダムの規模をおおきくして工事は再開される。昭和29年（1954）に高さ81.5mの重力式コンクリートが完成した。同時期、表面遮水型ロックフィルの石淵ダム（高さ53.0m）も建設され、昭和28年（1953）に建設省直轄として北上川五大ダム群のトップをきって完成した。

　北上川上流総合開発の一環として、この五つのダム群は、「北上川流域の治水を最大の目的としながら、発電、かんがい用水、上水道用水などの機能を併せもつ多目的ダム群として、北上川上流域の地域経済の発展に寄与した貴重な土木遺産」として、令和3年（2021）9月17日、土木学会の『選奨土木遺産』に認定された。

　長穂が提唱し建設された構造物は、すでに土木遺産になっている。

河川を取り巻く利害関係

　大正14年（1925）10月の『貯水用重力堰堤の特性並に其合理的設計方法』、翌年に『我が国に於る河川水量の調節並に貯水事業に就て』という論文で水系一貫の河川計画管理と多目的ダム論を提唱した。この論文で長穂が提唱した理念は、最上流山岳地の水源から、山地を経て扇状地の平野から海に注ぐ河口まで、河川に降水が集まる流域の水系全体でバランスのとれた河川開発、河川管理を一元化にすべきである。上流部の土砂流出抑制の砂防、洪水防御などの治水と、河川を流れる水を公物の資源とみなす河川開発を両立させなければならない。大河川の本流から、そこに流れ込む中小河川の支流まで、水系全体で考えなければならない。治水と利水が両立する多目的ダムなどを総合的に考える必要がある。河川を上流から中流、河口までの流域について、水系一貫の計画をすべきで、さらに河川は一体的、統一的に管理しなければならないというもの。

　しかし、現在でも河川は「治水」と、水資源利用としての「利水」は対峙関係にある。治水の分野では、最上流山岳地や源流域の森林防災は「治山」。渓流の土砂流出抑制の「砂防」。水害防止の「河川」、河口部の「海岸保全」、「港湾」、「漁港」。それぞれの思惑が複雑にからみあう。利水の分野でも、河川本来の自然環境などの機能を確保する「維持用水」、「農業用水」、「発電用水」、「工業用水」、「水道用水」など多様な利害関係も存在する。

　これらを所管する行政機関は、治山は林野庁、河川と海岸保全は建設省（現国土交通省）、港湾は運輸省港湾局（現国土交通省）、漁港は水産庁である。利水でも、維持用水は建設省、農業用水は農林水産省、発電用水、工業用水は通産省（現経済産業省）、水道用水は厚生省（現厚生労働省）であり、さらに水防・防災は自治省（現総務省）まで関係している。河川はこのように利害が対立し、権利主体が交錯する社会資本の基盤整備であり、バラバラに輪切りされ、ジグソウパズルのような複雑な関係にある。(コラム7・明治時代の河川法)

コラム7　明治時代の河川法

　河川法の制定以前の河川関連の法制度は、明治5年（1872）に大蔵省によって施行された「河港道路修築規則」とされる。築堤など高水工事で水害を防除する治水事業の本格的な出発点となったのが、明治29年（1896）4月に「河川法」が制定された法整備から。

　明治18年（1885）、大阪を襲った「明治大水害」など、その後10年間のあいだに全国各地で水害が頻発する。帝国議会では、治水事業を国直轄でおこなう運動が活発化した。

　その背景には、当時、多数をしめていた山林などを所有する大地主層、自作豪農を中心とする帝国議会議員の存在がおおきな影響をあたえた。河口部にひらけた都市や沖積低平地の農地への水害防御は、生活環境上の民生安定、産業の振興、農業の生産性向上など、おおきく寄与する事業。大地主層、自作豪農者は、出身地方に有利になるよう直轄事業を誘導し、おおくの国庫補助金を獲得することに腐心した。所有する土地の地価向上、工事にともなう建設業の誘導、経済的利益にくわえ選挙民にたいしての政治的利益とい三重、四重のメリットのある法案であった。

　「河川法」の制定の特徴をまとめると、以下の四点に集約される。

　　1.　治水中心主義で、利水、環境の観点が考慮されていない
　　2.　私権を排除するきわめて中央集権的な法律である
　　3.　大河川中心で、水系一貫の河川計画管理の観点に欠ける
　　4.　事業の受益、利権が見えかくれする

　河川法第三条（私権を排除）では、「河川並其ノ敷地若ハ流水ハ私権ノ目的トナルコトヲ得ス」とあり、純粋に河川流水の対象を治水としてとらえ、公物である利水や環境の観点がない。治水法、堤防法、防禦の工と称され揶揄されたゆえんである。

　大河川の治水中心主義の社会情勢の中でも、利水や多目的ダムなどを組みあわせた河川開発を提唱したのが長穂であり、その後、河水統制、河川総合開発、国土総合開発に発展し継承されていく。

地震学会の創設

　英国人の鉱山技師で地球物理学、地震学者であるジョン・ミルン（1850
〜1913）は、明治政府の招きで来日し、当時の最先端科学、技術の指導・
育成をおこない、地震学発展に大きく貢献した。

　長穂が誕生する 8 年まえの明治 13 年（1880）3 月 11 日、「地震学会」
が創設される。この組織が、我が国で地震学の本格的な調査研究の出発点。
世界で初めての地震学の調査研究の組織であった。

　3 月 11 日、東京大学において東京と横浜の在住者が駆けつけた会合に
おいて創立される。会長に工部卿の**山尾庸三**（天保 8 〜大正 6 年・1837〜
1917）、副会長にミルンが選出された。山尾は、英国アンダーソン・カレ
ッジに留学。明治 6 年（1873）に岩倉使節団がロンドン滞在中、工学寮
工学校（のちの工部大学校、帝国大学工科大学、東京帝国大学の前身）の
教師の人選に尽力した。近代日本の科学、技術教育の発展に輝かしい足跡
をのこした人物。

　同年 4 月 26 日、会員は開成学校の講義室の会合で、会長に選出された
山尾が公務多忙を理由に会長職就任を辞退する書簡が承認された。副会長
のミルンと東京大学法学部総理補の**服部一三**（嘉永 4 〜昭和 4 年・1851〜
1929）の二人のあいだでの投票となり、服部が会長に選出され就任する。
同会合で会長職に推薦されたミルンは、「私は副会長職の席を占めている
ので、もし私が会長になれば、新たな副会長の選挙が必要となる」と発言
した記録が残っている。人選をふくめて難産な状況が読みとれる。（コラ
ム 8・地震学の歴史）

　それから遅れること 34 年後の大正 3 年（1914）、土木学会が設立される。
初代会長に**古市公威**が選出された。会長就任の基調講演で

　　　　所謂将ニ将タル人ヲ要スル場合ハ土木ニ於テ最多シトス。土木ノ技
　　　　師ハ他ノ専門ノ技師ヲ使用スル能力ヲ有セサルヘカラス

と、専門分業に拘束され萎縮することは、おおいに慎むべきである。専門
分野に閉じこもることなく、総合自然科学技術としての土木工学の原点に
ついて、格調高い理念を講話した。

コラム8　地震学の歴史

　大正時代（1930年代ころ）まで、地質学での地震発生のメカニズムは「地球収縮説」が指導的原理であった。地球が冷却すると収縮する。あるところでは陥没して海洋となり、陥没しなかったところが大陸で、収縮による横圧力よって山脈が形成される。収縮圧力のひずみが解放されて地震が発生する、と考えられていた。

　大正4年（1915）、ドイツの気象学者**アルフレッド・ウェゲナー**（1880～1930）は『大陸移動説』の着想を提唱。1カ所に集中していた大陸が分裂して移動し、現在の配置になったという概念。大西洋の両側にあるアメリカ大陸とアフリカ大陸などの海岸線の地形がジグソーパズルのように相似性のあることがヒントだった。この二つの大陸のあいだには、過去に大陸がつながっていたことを示す地層や化石、大陸氷河痕跡の分布など、その分布の共通点を合理的に説明できた。しかし、大陸を水平方向に移動させる原動力まで説明できる知見がなく、空想的な学説であるとみなされた。当時の地質学は地球収縮説が主論で、大陸を移動させる原動力の説明がつかないという地球物理学の反論が支配的であった。大陸移動説は地球収縮説への新たな視点からの大きな挑戦で、受けいれられることなく、1950年代ころまで忘れさられていた。

　1960年代になると、プレートテクトニクスの概念が登場する。地球表層部で起こる造山運動、火山噴火、地震など、地学現象の解明やメカニズムを、地球表面を覆う硬い板（プレート）の水平運動で説明する考え方。

　プレートテクトニクスの着想は、地球物理学、古地磁気学、地球電磁気学、地史学、測地学、地質学、地震学など地球科学全般の研究成果を俯瞰して体系化したもの。昭和43年（1968）、米国の地球物理学者、**ウイリアム・ジェイソン・モーガン**（1935～）などが提唱。当時、地球科学の革命、思想の転換を強いられたといわれ、地震発生のメカニズムの解明に大きな役割を果たした。

濃尾地震

　明治 24 年（1891）10 月 28 日、我が国で内陸地震として、最大規模の M8.0 の地震が発生。「濃尾地震」である。震源は、岐阜県から愛知県にかけてのごく浅い、横ずれの直下型大地震。濃尾断層帯および岐阜〜一宮断層が活動した。この地震の前震は、本震の 12 日前の 10 月 16 日に 1 回、3 日目の 10 月 25 日など 4 回記録されている。余震の数は非常におおく、本震 4 時間後と 2 日後に発生した M6.0 で、本震にくらべてかなり小さい。翌明治 25 年（1982）1 月 3 日、9 月 7 日、明治 27 年（1894）の余震でも家屋損壊の被害があった。

　岐阜県・愛知県・滋賀県東部で震度Ⅵ、根尾川、揖斐川上流など震源域の近くで震度Ⅶ相当の揺れを記録。建物全壊 142177 戸、半壊 80324 戸、死者 7273 人、負傷者 17175 人、山崩れ 10224 カ所など、大正 12 年（1923）9 月 1 日の「関東地震」（関東大震災）に匹敵する地震災害であった。

　岐阜県では根尾谷で被害が甚大で家屋は 100％倒壊。名古屋市では煉瓦造りの名古屋郵便電話局は瞬時に崩れ落ちた。同じ煉瓦造りの尾張紡績工場の倒壊で、作業員 430 人中 38 人が死亡し、114 人が負傷。東海道線の長良川鉄道橋は橋脚間 5 スパンのうち 3 スパンが落橋した。各地で火災が発生し、岐阜・大垣・笠松・竹鼻などあわせて 4000 戸以上が被災する大火となった。

　この地震により、根尾谷では北北西－南南東方向に約 80km にわたる大断層が出現。上下方向のズレは西側が最大 6m 隆起し、水平方向は横ズレ最大約 8m。**田中館愛橘**（安政 3 〜昭和 27 年・1856〜1952）がいち早く現地におもむき、地磁気変化の調査や、断層を紹介。

　この濃尾地震の被災は、明治政府におおきな衝撃をあたえる出来事であった。この地震を契機に、地震の予防はできないが、地震被害を最小限に食いとめるための研究機関設置の必要性が社会的につよく要請された。明治 25 年（1892）、震災予防の調査研究を目的とした勅令により、「震災予防調査会」が設立される（コラム 9・地球内部の構造、コラム 10・地震発生のメカニズム）。

　我々の住んでいる大地は、地球史46億年のうちごく最近である200万〜100万年ほど前に隆起してできた陸地。

　世界最高峰のエベレスト山脈の山頂付近に「イエローバンド」と呼ばれる地層がある。今から約4500万前ころからインド亜大陸がユーラシア大陸と激突し、海底だった地層が徐々に盛りあがって、ヒマラヤ山脈が形成された。このイエローバンドの地層からは海で生息していた古生物の化石が発見されている。

　このように、現在の大地はもともと海底に堆積していた地層が、その後に横からの強い圧力を受けて褶曲し、隆起した。このように、地層が横圧力をうけて褶曲や隆起によって山脈が形成される現象が造山運動と呼ばれる。

　地中の温度を測定すると、深さ100mにつき3℃ほどの割合で上昇する。熱は高温部から低温部に向かって流れることから、常に地球内部から熱が放出されている。これは「地殻熱流」と呼ばれる。この地殻熱流は1m²あたり平均70ワット（W）。造山運動や地殻熱流の原動力はどこにあるだろうか。それは地球内部の構造にあり、あたかも生き物のように大地を動かしている。しかも、ごくゆっくりとした時間で営々と。

　地球内部の構造は、半熟タマゴのような構造。タマゴの殻にあたる部分が地殻（プレート）。卵白の部分がマントル。卵黄の部分が中心核（コア）と呼ばれる外核と内核で構成される層構造をなしている。地殻は、固体地球の一番外側にある堅いプレート。厚さは陸地でおよそ100km、海洋地底ではそれよりも薄い。地球の半径6378kmの1.5%程度と極めて薄い。地殻の下にはマントルがある。2900kmの厚さをもち、数1000℃の高温で熱対流し地殻を形成する原動力。地球中心部の核の半径は3300km。中心核の主要成分は金属鉄で、外核（深さ5100km）は流体で、内核は鉄の固体で、5000〜6000℃と考えられ、地球内部からの熱源となっている。

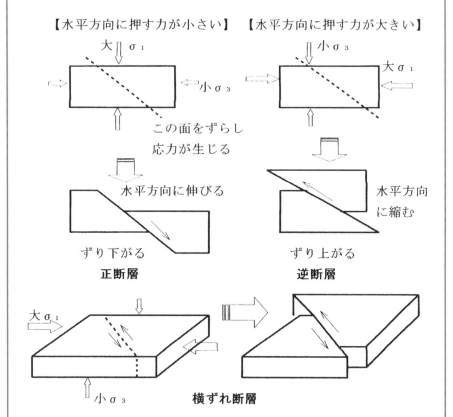

【水平方向に押す力が小さい】　【水平方向に押す力が大きい】

大 σ_1　　　　　　　　　　　　　　小 σ_3

小 σ_3　　　　　　　　　　　　　　大 σ_1

この面をずらし
応力が生じる

水平方向に伸びる

水平方向
に縮む

ずり下がる　　　　　　　　ずり上がる

正断層　　　　　　　　　　**逆断層**

大 σ_1

小 σ_3　　　　**横ずれ断層**

断層の種類と相対運動

　地震は地下深くで生ずる急激な岩盤のずれ破壊によって引きおこされる。このずれた場所が断層である。このずれは、ある大きさをもった面や幅をもっておこる。面が明瞭な場合は断層面、幅をもった場合は断層帯あるいはせん断帯と呼ばれる。断層や破砕帯は、岩盤に加わる力により破壊的な変形でおこる。日本列島は褶曲運動が卓越し、おおくの場合は逆断層となる。英国の鉱山で見つかる断層のほとんどが正断層であり、その断層を正断層と呼んだことから逆向きに動く断層を逆断層と呼ぶようになった。

震災予防調査会

濃尾地震の被災経験から、建物の揺れと倒壊の関係について、地震力をどのように評価して耐震性を確保し、安全な構造物を構築するのか、未解明な分野であり大問題であった。

発足した「震災予防調査会」は工科大学、中央気象台、内務省土木局、農商務省などの専門家のメンバーで構成された学際研究団体。調査委員として11名が任命され、のちに理化学研究所初代所長を歴任した帝国大学理科大学の菊地大麓（安政2年～大正6・1855～1917）、田中舘愛橘、長岡半太郎（慶応元～昭和25年・1865～1950）、大学を終えたばかりの**大森房吉**（明治元～大正12年・1868～1923）らが名をつらね、調査事業委託としてジョン・ミルンもくわわっている。

地球物理学、地磁気学、地質学、土木・建築学など幅広い視野で、地震・津波などの被災記録の収集、観測や解析、構造物の耐震や災害防止対策などを調査研究し、政府に提言していこうというもの。

この時代、我が国をはじめとして諸外国でも地震学は、地震波の観測や解析、耐震論など飛躍的に発展する。

大森式地震計を考案した大森は、明治32年（1899）、初期微動継続時間から震央をもとめる大森公式を提唱。明治44年（1911）、米国人のリード（1859～1944）は、地震発生機構を弾性反発説理論で提唱。同年、英国人のラブ（1863～1940）は、地震波の伝搬方向と垂直な方向に振動する地球表面を伝搬するラブ波（Love wave）を発見。大正6年（1917）、京都帝国大学に地球物理学科を開設した志田順（明治8～昭和11・1876～1936）は、地震波初期の四象限の押し出し分布を発見した。

明治39年（1906）、米国サンフランシスコで大地震が発生。我が国の地震研究者で組織された震災予防調査会のメンバーが現地調査団として派遣される。その一員に**佐野利器**（明治13～昭和31年・1880～1956）が同行。佐野は、大正5～6年（1916～17）『家屋耐震構造論上篇・下篇』を震災予防調査会誌に掲載する。この論文で地震の作用力をあらわすのに「震度の概念」を提唱する。

耐震工学への傾倒

　長穂の主著といえば、昭和8年（1933）に出版された『水理学』（岩波書店）と『土木耐震学』（常盤書房）を同時に公刊したことが挙げられよう。両書とも長穂の研究成果の集大成であり、その後ながいあいだ、これらに記載された研究成果は、土木技術者のあいだで公式、設計基準書にように取り扱われた。

　『土木耐震学』のなかに、なぜ地震に興味をもち、振動論、耐震学に傾倒し、耐震工学を系統づけたのか、その一面をうかがい知ることができる。第3章14節で「地盤と地震の強さ」が記述されている。この節が本書の核心部分であり、今日の耐震設計理論の基本をなす記述がある。この節で、地震による家屋倒壊率から「設計震度」を推定した。対象地震として次の四つを選定している。

　　　濃尾大地震　　明治24年（1891）10月28日　M8.4
　　　秋田仙北地震　明治29年（1896）8月31日　M7.5
　　　　〃　　　　　大正3年（1914）3月15日　M6.4
　　　関東大震災　　大正12年（1923）9月1日　M7.9

　この地震の生起と長穂の年齢の関係をみると、濃尾地震のときが3歳。明治29年（1896）の秋田仙北地震（「陸羽地震」）が8歳。大正3年（1914）の秋田仙北地震（「強首地震」）が26歳。そして関東大震災が35歳である。

長穂は幼少のころ、6歳で「酒田地震」、8歳の「陸羽地震」の震央は生家から30kmの距離。幼少のころ、大地が突き上げ、大きな揺れの記憶が強烈に残ったであろう。忘れられない深層意識が耐震工学へ傾倒していった心情を察することができる。

強首地震の被災状況（強首村役場）
（強首村・小山喜助の土蔵から発見）
（写真撮影・細谷譽治）

土木学会賞の受賞

　長穂は、内務省土木局の技師として勤務していた時代、河川改修計画の実務を担当している。また東京帝国大学助教授を兼務する激務のかたわら、ライフワークの耐震構造設計論について、深夜や土曜日・日曜日、寸暇をさいての調査・研究の日々であった。

　長穂は、精力的に大正8年（1919）、『塔状構造物の振動並に其耐震性に就て』（土木学会誌5巻3号）で構造物の振動理論と耐震規定を発表。これまでの研究成果を取りまとめて、翌大正9年（1920）には『載荷せる構造物の振動並に其耐震性に就て』（学会誌6巻4号）を発表。

　この論文は耐震設計の発展に大きく貢献するすぐれた論文と高く評価され、創設されたばかりの第1回土木学会賞を受賞した。将来を見越した新たな画期的な発想であった。

　また、同年4月27日、『構造物の振動並

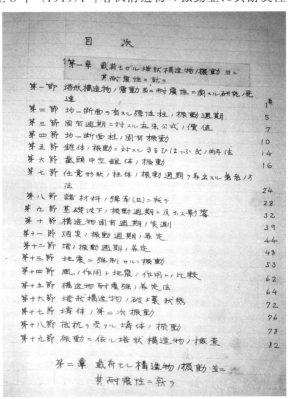

『構造物の振動並に其耐震性に就て』学位論文の目次
（所蔵・大仙市アーカイブズ）

に其耐震性に就て』（学位論文）を母校の東京帝大学工科大学に提出。構造・耐震工学に多大の貢献があると認められ、工学博士の学位が授与された。

関東大震災

　大正12年（1923）9月1日、関東一円は夜明けから南風をともなう激しい雨が降りつづいていたが、午前10時ころには降りやんだ。雨あがりのあと、残暑のむし暑い夏の日盛りで、正午少し前、正確には午前11時58分44秒、北緯35度12分、東経139度18分を震源とするM7.9の地震が関東南部を襲った。初期微動が2.4秒、主要動は10分間つづいた。「関東地震」（関東大震災）である。

　東京で観測された最大振幅は14〜20cm。ちょうど昼の炊事の支度時を襲った地震は、一瞬のうちに木造家屋を倒壊させた。このため、東京だけでも火事の火元は187カ所にもおよび、おりからの強い南風にあおられ、58もの火流となって、毎時800mもの速さで、町は火の海と化してなめつくしていった。

　実際の地震という荷重（外力）によって、構造物がどのような挙動を呈し、被災するのか。そのメカニズムを解明する絶好の機会でもあり、逆に長穂の耐震理論が試される機会でもある出来事であった。

　従来までの構造理論によれば、地震の揺れによって6階程度の高層ビルは、1階部分

長穂が撮影した関東大震の被災状況
（所蔵・大仙市アーカイブズ）

のところが大打撃をうけるものと考えられていた。

　長穂は克明に被災調査をおこなった。崩壊したビルは、1階ではなく中層部の3、4階で、ほとんど全てのビルは同じように崩壊しいる。また、塔状構造物の煙突も下端ばかりでなく、上部の1/3のところで多数破折している。橋梁では高く造られた橋台や橋脚もまた同様である。

　これはいかなる現象なのか。長穂の耐震構造理論が問いなおされる被害状況を目のあたりにする。

地震研究所

　関東地震の被災調査終了を契機に、地震対策をより充実させるため、震災予防調査会の調査研究方法を見なおす必要にせまられた。地震をもっと物理学的、理論的に研究する必要がある、との理念から、大正 12 年（1923）に「震災予防評議会」の設置とともに震災予防調査会は廃止される。

　大正 14 年 11 月、震災予防調査会の業務を引き継ぐようなかたちで東京帝国大学に地震研究所が設立される。**長岡半太郎**（慶応元～昭和 25 年・1865～1950）、**寺田寅彦**（明治 14～昭和 10 年・1878～1935）など我が国を代表する物理学者や地震研究者、地震学をはじめ、地質学、岩石学、土木、建築工学、船舶の震動論や音響学の波動論を専門とする若手研究者などで構成され、我が国の地震学の新しい局面をひらく組織として出発する。

　当時、長穂は、大正 12 年（1923）5 月 28 日、内閣から震災予防調査会の委員、大正 14 年（1925）11 月 4 日、震災予防評議会の評議委員に任命され、地震学や耐震技術に深くかかわっており、東京帝国大学地震研究所の所員にも所属していた。その研究成果は世界的に誇りうる高い水準に達していた。耐震工学の設計体系が完結したと考えていた矢先の濃尾地震以来の巨大地震が帝都東京一円が甚大な被災をうけた。関東大震災である。

　長穂の耐震理論の見なおしがせまわれた震災であった。

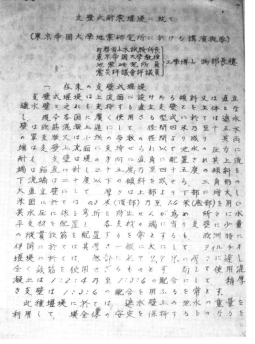

地震研究所での講演録
（所蔵・大仙市アーカイブズ）

帝国学士院恩賜賞の受賞

　関東大震災で揺れによる被害が最も激しかったのは、神奈川県小田原市付近で木造家屋の全壊率は 50％をこえ、東京市内でも家屋被害率は約 11％、特に隅田川以東では、全半壊でおおくが被災した。鉄筋コンクリート造の被害率は約 8.5％、煉瓦造で 85％、石造で 83％。浅草の「十二階」（高さ 52m）のビルが 8 階の床上から折れ崩れたのは有名な被災として知られている。

　煙突や中高層建築物の被害は、その根元や最下層の 1 階が被災を受けると考えられていた。しかし、被災後の調査によれば、煙突のような塔状構造物や高い橋梁の基礎構造物である橋脚は、その根元で切断されているものもあるが、上部 1/3 のところでおおく破折している。高層建築物のおおくは中層階で倒潰している。特に煙突と橋梁の高い橋脚の被災は入念に調査された。八王子の大阪窯業の煉瓦造りの煙突は、高さ 120 尺のうち鉄骨造りでない上部 10 尺が落下したなど、写真のわきに構造や被災状況が詳細に記述されている。自身の目で確認された被災状況から、従来の耐震設計理論の不足を解明し、修正する必要にせまられ、全精力をそそいだ。

　大正 13 年（1924）に『地震上下動ニ関スル考察並ニ震動雑論』を土木学会誌上（第 10 巻 5 号）に発表。関東大地震で得られたデータや被害

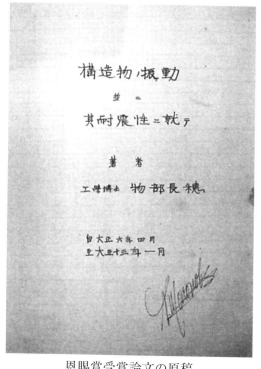

恩賜賞受賞論文の原稿
（所蔵・大仙市アーカイブズ）

実態調査結果などから、従来は水平動の加速度のみに着目していたが、上下動の鉛直加速度も考慮しなければならず、耐震設計は動力学的に考えるべきである、と発想の転換が必要であり、数理解析がすすめられる。

　各構造物には固有の振動周期がある。地震の際、その固有振動周期と地震動との関係で複雑な振動がおこる。両者の周期が接近するほど振幅の増加が認めら、被害をおおきくする。構造物の振動周期と地震動による地盤の振動周期と上下動に着目して、構造物を弾性体として動力学的に取り扱って設計すれば、地震対して強い構造物を設計できるという。その着眼点は、従来まで地震動による複雑な振動を静的に評価し、剛構造物を推奨していたが、それを動力学的に弾性論として取り扱うよう発展させた。高層建築物などは柔構造とすれば地震に対して変形に追随する構造体となるというもので、それまでの剛構造物の考え方を根本的にくつがえすものであった。のちに、この耐震設計理論は、我が国初の高層建築の霞ケ関ビルの設計などに応用されていく。（コラム11・弾性変形について）

　弾性体とはゴムのような構造。力が作用したときは変形するが、力を取りのぞけば元の状態にもどる挙動を呈する。その反対が塑性体で、粘土のようなもの。力を取り除いても元の状態にはもどらない。剛構造は力が作用しても変形しないが、耐力をこえると破損する。柔構造はその反対で、弾性体のような粘り強い構造となる。

　この研究成果がまとまったのは、関東大地震から1年後の大正13年（1924）。論文の草稿には、自大正6年（1917）至大正13年（1924）と、自身の耐震研究の集大成として7年間の研究期間の意味がこめられている。『構造物ノ振動殊ニ其耐震性ニ就テ』と題するもの。同論文が発表されたのは、関東大震災後の帝都復興が槌音高く鳴り響く時期。この研究論文は、構造物を力学的に弾性論で取り扱い、動力学的に数理解析する理論。従来の耐震工学を根本的に変えるものであった。

　学界では、震災後の復興の途にあった土木構造物や建築設計に一大変革をもたらし、コペルニクス的転換であると高く評価された。日本学士院八十年誌によれば「地震学上先人未踏ノ地域ヲ開拓セシモノ」と高く評価された。

　翌年（1925）3月12日、帝国学士院会は、会長の穂積陣重の司会によ

恩賜賞受賞記念写真（前田侯爵邸にて）
（長穂は後列左から4人目）
（所蔵・大仙市アーカイブズ）

って定例会議を開催。議題は学士院恩賜賞と学士院賞の選考。数おおくの
論文の中から長穂が発表した『構造物の振動殊に其耐震性の研究』と東京
帝国大学助教授矢吹慶輝の『三階教の研究』が選定された。

　ここに、長穂の研究業績は、科学、技術学界の最高栄誉である恩賜賞が
授与された。これは土木工学界では初めての栄誉であった。受賞に際して

　　　あんな論文が恩賜賞を受けるとは思ってもみませんでした。内務省
　　　土木課では河川改修の仕事を本業としていますので、十分な研究も
　　　できず、公務の余暇や土曜、日曜を利用してやってみました

と湧きでる喜びをかみしめながら謙虚に語っている。土木試験所長に勅任
される半年前のことであった。

　この恩賜賞が授与された研究論文は、のちに著書『土木耐震学』として
常磐書房から昭和8年（1933）に公刊され大成されていく。

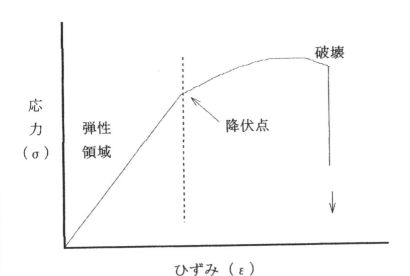

応力（σ）－ひずみ（ε）曲線

　物体の変形には、力学的挙動として、ゴムのような弾性変形と粘土のような塑性変形がある。

　物体が周囲から圧力をうけると一定のひずみが発生し、応力がとり除かれると反発してもどる場合を弾性ひずみという。このとき、応力とひずみは比例関係にある。直線の部分が弾性法則の範囲にある。反発には限界がある。この限界が物質の強度である。強度には破壊強度と降伏強度がある。前者は物体が破壊する臨界応力。降伏点強度を超えると物体が弾性的な変形をこえて急激にひずみが増加する。このような挙動のはじまる領域が降伏点と呼ばれる。

　剛構造は、弾性体として取りあつかわず、降伏強度に着目した変形しない考えかた。柔構造は、弾性領域で荷重がとり除かれるともとの状態にもどることを前提に、弾性領域内で変形に追随した設計の考えかたである。

著書『土木耐震学』

　長穂の耐震学論文の初見は、『塔状構造物の振動並に其耐震性の就て』（大正 8 年・1919、土木学会誌 5 巻 3 号）で、この文献が学位論文のベースとなる。その後、『変断面塔状体の自由振動周期算定法』（1921）、『地震動による構造体の振動時相に就て』（1924）、『地震上下動に関する考察並に振動雑論』（1924）、『建築構造物の終局の耐力に就て』（昭和 6 年・1934、東大地震研究所彙報第 12 号）など精力的に取りくんでいる。

　また、長穂が土木試験所長に就任後、その指導のもと、防災や耐震工学関係など多彩な研究がなされている。

　地震時に作用する土圧の研究、重力式擁壁の耐震規定、地震よる動水圧を考慮した重力式堰堤の断面決定法の提案、地震動による土堰堤の変形などに関する幾多の研究が相次いでおこなわれた。さらに、昭和 8 年（1933）3 月 3 日、三陸沖を震源とする M8.1 の「昭和三陸沖地震」を契機に、この地震の津波被害の現地調査、津波被害軽減の水理模型実験、津波変形理論の研究、沿岸風水害調査など防災関連の調査研究が本格的に拡大している。

著書『土木耐震学』

　これらの研究成果を集大成して『土木耐震学』が昭和 8 年（1933）に常盤書房から公刊された。このなかに、耐震設計の基本となる「設計震度」の着想や概念などが論述されている。

震度の概念

　明治 39 年（1906）、4 月 18 日早朝、米国カリフォルニア州サンフランシスコ周辺で大地震が発生。我が国の地震研究者で組織された「震災予防調査会」のメンバーが現地調査団として派遣される。その一員に**佐野利器**（建築学）もくわわっている。被災調査結果から、煉瓦造りの建物は破損が多数みられ耐震性に劣る。鉄骨構造物は一般的に耐震的である。鉄筋コンクリート造りで剛節（ラーメン）構造として設計された剛構造物は耐震的であり、かつ耐火性にも優れていた。調査の結果、地震に強い剛構造物を推奨するベースとなる。

　地震の揺れと家屋被害の関係が次第に明らかとなる。**大森房吉**は、濃尾地震と陸羽地震の発生直後、木造家屋の倒潰と、観測された地震波の加速度の大きさの関係を見いだした。明治から大正時代、西欧文明を取りいれた象徴の一つとして、西欧風の煉瓦造りのモダンな建築物や、レンガ製造窯業工場の塔状構造物の煙突などが盛んに築造された。大きな地震では煉瓦造りの構造物は壊滅的被害をうけて耐震性が極端に劣る。木造家屋の倒潰で大規模な火災が発生する。被害状況も地盤種別でことなり、地盤のやわらかい沖積層など軟弱地盤でおおい。土木関係では、斜面や石垣の崩壊、細長い橋脚などで落橋したり、擁壁など構造物が転倒。地震による津波被害も甚大であった。

　地震の動的な揺れに対して、構造物に作用する水平力をどのように評価するのか、当時、未解明で耐震設計のうえで大きな課題であった。

　大正 5〜6 年（1916〜17）、佐野は『家屋耐震構造論上篇・下篇』を震災予防調査会報告に発表し、地震の作用をあらわすファクターとして「震度」の概念を提唱した。これは、柱状体の構造物を転倒させるための必要な横力の大きさを重力に対する比率で示したもので、k を「震度」と称した。

　地震で転倒する構造物の幅 b と高さ h の比率で求め、その最大のもので地震の強さをあらわすことにした。重心に作用する水平力と鉛直力の比が幅と高さとの比幅 b ／ h が等しいとき、合成力が底辺を過ぎることで転倒

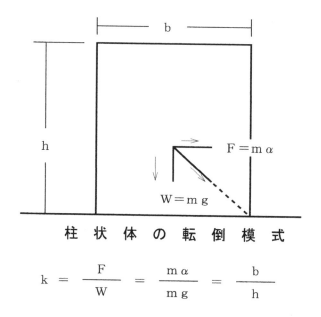

柱 状 体 の 転 倒 模 式

$$k = \frac{F}{W} = \frac{m\alpha}{mg} = \frac{b}{h}$$

ここで、mは構造物の重量でW＝mgの鉛直力、Fは構造物に作用する水平力でF＝mα、gは重力加速度、αは水平加速度、bは構造物の幅、hは構造物の高さ。

佐野利器が提唱した『震度』の概念

すると仮定すれば、比幅は直接水平力と鉛直力の比が震度となる。転倒する構造物の最大比幅が最大震度をあらわすことになる。

　同構造論で、建物の設計に際しては震度0.1を考慮すべきこと、そうすれば材料安全率3によって震度Ⅲの地震まで耐え得ることができる。さらに、過去の大地震における震度はおおむね0.5以下と推定できることなどを論述している。

　このように、地震力に対する各種構造物の耐震設計について、置き換えられた地震力に抵抗させるためには水平抵抗力の大きい剛な構造となるように推奨している。これは、世界で初めての耐震構造論であり、その実用性から、今日まで耐震設計法の基本的理念の出発点となった。

設計震度の提案

　佐野利器が「震度」という概念で、水平力と鉛直力の比、幅と高さの比で構造物の転倒から地震力を横力に置き換えた「建築震度」の導入を提案した。

　長穂は、地震時の構造物の安定性については、転倒のほか、滑動、回転についても考慮しなければならないと論じ、佐野利器の「震度」をさらに発展させ、設計に用いる「設計震度」を提案した。

　佐野利器は最大水平加速度と重力加速度のと比 α_h / g を震度としたが、合震度 K と加速度の関係は以下のとおりとなる。

$$K_h = \frac{\alpha_h}{g} \qquad K = \frac{\alpha_h}{g \pm \alpha_v}$$

ここで、α_h は最大水平加速度、α_v は最大鉛直加速度

　底面の摩擦力は構造物に作用する下方鉛直力に接触面の摩擦係数 f を乗じたものに等しい。釣り合いの方程式から

$$k_h W = f (1 \pm k_v) W \qquad \therefore \quad f = \frac{k_h}{1 \pm k_v}$$

物部長穂が提案した『震度法』の概念

　このなかで、地震力は、水平・鉛直の両方向の加速度を考慮しなければならないとし、地震の破壊力の尺度として「合震度」という概念を提唱し、「震度推定法」の理論を展開した。地震力には水平成分の加速度のほか、上下方向の鉛直成分もあり、これらを合成して考える必要がある。これが合震度の概念である。

　佐野利器は最大水平加速度と重力加速度のと比を震度としたが、合震度 K と加速度の関係は上式のおりとなる。

　また、地震の際、構造物は水平力が作用すると底面において滑動しようとする。滑動に抵抗する力は底面と地盤の摩擦力である。摩擦抵抗のみが

但し比幅に重力の加速度を乘じたるものを以て、最大水平加速度と看做し即ち上下動を無視したものである。

(b) 今村博士が大正3年の秋田仙北地方の地震の調査により、求められた關係は第8表の如し。

第 8 表

水平加速度 mm/sec²	震度（約）	家屋倒潰率(%)	
		範 圍	平 均
2.500〜3,500	0.25〜0.35	1〜 8	5.0
3,500〜4,000	0.35〜0.40	8〜20	14.0
4,000〜4,500	0.40〜0.45	20〜40	30.0

〔13〕　震度推定法の理論

(1) 物體の顛倒

第41圖に示す如く、高 2H、幅 2B なる角柱が紙面に平行なる方向の地震力を受けたる場合を考ふ。

第 41 圖

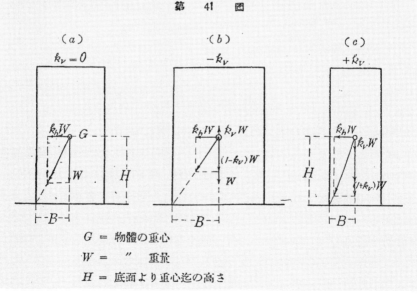

$G =$ 物體の重心
$W =$ 〃 重量
$H =$ 底面より重心迄の高さ

物部長穂が提案した『土木耐震学』の一部

作用する場合は、構造物は比幅が大きい場合は転倒しにくいが、ある程度の大きさになると転倒せずに滑動する。

　つまり、摩擦係数 f が kh ／（1 ± kv）、合震度より少なる構造物は滑動しにくく、鉛直震度の大なるときは容易に滑動をおこす。言いかえれば、b ／ h ＜ f のときは転倒し、b ／ h ＞ f のときは滑動しやすい。

　構造物の回転についても、墓石、書籍箱、鏡楼、錘楼卓子などの基礎面上の廻轉現象から論じている。当時、地震発生地域での最大加速度を正確に知るほどの地震計は配置されていない。既設構造物の転倒、滑動、損傷などは、震度または最大加速度より推定するもので、震度推定として家屋の被災は、地方により建築工法が伝統的にことなり一様でない。新旧家屋や筋交いの有無によっても耐震性はことなり、容易に判定することはむずかしい。

　そのため

1. いたるところで存在する
2. 単純な柱状体のようなものは、地震動に対して単純な挙動を示す
3. 種々の寸法を有し、小さな地震から大きな地震まで推定できる

の視点から、「墓石」に着眼した。我が国の墓石は全国各地に極めて一様に多数存在する。その形状は多くは矩形で、その高さは幅の 2〜5 倍である。このため、大地震の推定に極めて便利である、として解析を進めた。

　そこで、地震時の加速度と家屋の被災率と墓石の転倒、合震度との関係を解析し、「設計震度」を論じた。具体的に明治 24 年（1891）の「濃尾地震」、明治 29 年の「陸羽地震」、大正 3 年（1914）の「強首地震」、大正 12 年（1923）の「関東大震災」での震度と家屋倒潰との関係や地震波の周期、合震度 K の kh と kv の関係、家屋倒潰率と合震度の関係、家屋倒潰率と墓石の転倒のデータで解析した。

　これらによれば、日本各家屋の耐震力を数字的には評価できない。従来の大地震において調査された墓石による合震度 K と家屋倒壊率の関係では、濃尾地震で K ≒ 0.4、仙北地震で 0.47、関東地震で 0.45〜0.5 であるとしている。

耐震設計で使用すべき設計震度

　濃尾地震、関東地震など大きな地震により土木、建築構造物のおおくが被災をうけた。長穂は、地震波の観測と解析、その被災状況調査から「墓石」の転倒をファクターとして、家屋倒壊率と合震度の関係から「設計震度」を導きだした。耐震設計というのは、地震動の水平力をどの程度見積もれば構造物の安全性を確保できるのか、設計条件の基本事項であるが、それまでは確立されていなかった。長穂によって、構造物の耐震設計で使用すべき設計震度が世界で初めて提案されたのである。

　「設計震度」とはどのような概念だろうか。地震時の動的な水平力を等

耐震設計で使用すべき設計震度

地　　方	従来屢々大地震ありし地方		大地震の殆どなかりし地方	
地　　質	沖積層	硬地盤	沖積層	硬地盤
（a）	$0.25 \sim 0.30$	$0.10 \sim 0.15$	$0.10 \sim 0.15$	0.10
（b）	0.15	0.075	0.075	0.05

（a）公共的工作物にして其破壊に因り公共に重大なる危険を及ぼすもの、家屋等の如く直接人命に係はるもの等は、其地方に於て将来豫期せねばならぬ最強の地震例へば $0.10 \sim 0.3$ 以上の震度に抵抗せしめねばならぬ。

（b）震害が単に経済的損失に過ぎざるもの、公共的工作物にても人命に関係なく容易に應急の修理を爲し得るもの、又は假工事の如きものは（a）の 1/2 程度の地震に耐えう得れば充分である。

地震帯は地殻構造の比較的弱點を示すものなれば、之に近き地方は将来も強大なる地震を豫期せざるべからず、且つ沖積地は附近の良地盤に比し、震度著しく高きを常とするを以て是等を適当に考慮し、土木の耐震の使用すべき震度の私案を表示する。

物部長穂が提案した「設計震度」

価な静的な横力として置きかえる。構造物の鉛直力に設計震度を乗じたものを静的水平力として与えることにより、地震時の安全性は確保できるとういものである。

長穂は、『土木耐震学』のなかで

> 土木工事の多くは、其使命殆んど永久的にして、少なくも數十年、時として數百年の耐久を全うしなければならぬ。従て工作物の壽命中必ず大地震の襲来を豫期せねばならぬ。然し總ての工作物に最大地震に抵抗し得る強度を與ふるは、経済上極めて困難なるを以て夫等の使命に依り二種に區分する。

と、地盤条件、地域別の地震の生起頻度の大小、構造物の重要度を総合的に考慮しなければならない、としている。

日本列島の地図上に震源地をプロットすると真っ黒になるほどの地震大国である。世界の1％に満たない国土面積で、世界で発生する地震の10％が日本列島付近で発生している。地震対策は各国より、より一層の配慮が必要となる。長穂が提案した「設計震度」は、各国との比較でどの程度になっているのか。

我が国は全国平均の「設計震度」kは、およそ 0.22。それに対して、アメリカで 0.08、フランスで 0.03、ドイツでは 0.00 と地震力として考慮しなくてよい。アメリカは西海岸のカリフォルニア地方に集中しているが、東部で地震は発生しない。フランスやドイツに行ったとき、高層ビル建設用のクレーンの骨組み部材が異常に細いのに気づいた。水平荷重は風荷重のみで、地震力は考慮しなくてよい。逆にいうと、我が国の土木建築構造物は、諸外国に較べて頑丈にする必要があり、さらに国土が急峻狭隘で地価が高く、地盤は弱いため、コスト高となる。

諸外国では前例のない耐震学という分野に着目した先見性と着想したアイデアには、その非凡さが発揮されている。近代科学、技術の本質、技術のあり方の原点を見ることができる。

この耐震理論は、現在の「河川管理施設等構造令」や「河川構造物の耐震性能照査指針・解説」など細分化されてはいるが、その基本理念は現在も変わることなく継承されている。

現在の耐震基準

　平成 7 年（1995）年 1 月、「兵庫県南部地震」（阪神淡路大震災）で、橋梁など土木構造物が大きな被災をうけた。大規模な被災経験をもとに、近年の防災をめぐる社会構造変化などを踏まえ、我が国の防災上必要とされる諸施策の基本となる「防災基本計画」が策定された。このなかで、「構造物・施設等の耐震性の確保についての基本的な考え方」が示された。

1.　構造物・施設等の耐震設計にあたっては、次の地震を対象として考える。

　　①.　供用期間中に 1～2 回程度発生する確率をもつ一般的な地震動（レベル 1 地震動）

　　②.　発生確率は低いが、直下型地震または海溝型巨大地震に起因するさらに高いレベルの地震動（レベル 2 地震動）を対象

2.　構造物・施設等は、次の各項を基本的な目標として設計する。

　　①.　「レベル 1 地震動」では機能に重大な支障が生じない。かつ

　　②.　「レベル 2 地震動」に際しても人命に重大な影響をあたえないこと

　この耐震の基準は、長穂が提唱した考え方そのものである。レベル 1 地震動は、おおむね 100 年に 1 回程度発生する確率の地震を対象とする。「設計震度」に換算して k = 0.10～0.30 に相当する（長穂は「工作物の壽命中必ず大地震の襲来を豫期せねばならぬ」）。これよりさらに高いレベル 2 地震動は、「兵庫県南部地震」のような内陸直下型地震、あるいは「東北地方太平洋沖地震」のような海溝プレート境界型巨大地震を対象とし、人命を守ろうとするもの。

　長穂は、数 100 年を対象とする「設計震度」（「時として數百年の耐久を全うしなければならぬ」）のレベル 2 地震動まで言及している。その後の地震被害の実態から考慮されたものであり、より安全性を確保するため、長穂の耐震理論の延長線上の巨大地震を対象としたもので、矛盾するものでない。その先見性が発揮され、その理念と整合性が図られている。

耐震池壁で特許

　長穂は耐震設計理論の成果の一つとして、昭和3年（1928）8月15日付けで「耐震池壁」で特許を取得した。この耐震理論を駆使して、群馬県北部、利根川水系片品川左支川、大滝川の最上流に計画された発電専用の丸沼ダムの基本設計をおこなった。

　昭和6年（1931）に東京電燈の建設によって完成し、国内で現存する6基のバットレスダムのうち最高の堤高32mをほこる。発電専用ダムとしては唯一国の重要文化財（建造物）。平成15年（2003）12月25日に指定された。現在、東京電力リニューアルパワーが管理している。

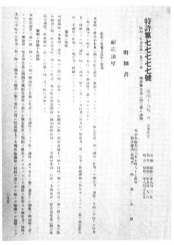

特許証書
（所蔵・大仙市アーカイブズ）

　貯留水の水圧の横荷重をダムの堤体を自身の重量でなく、前面の支壁のスラブで支える構造で、重力式コンクリートダムよりコンクリート打設量が少ないため、建設費や工期ですぐれていた。さらに重力式にはむかない軟弱地盤でも建設が可能という利点があった。建設現場は積雪寒冷地であり、作業期間が限られ、軟弱地盤で、バットレスダムの適地。長穂は、このバットレスダムの構造を薄い平板のスラブと支壁を梁と水平材で支える壁構造として設計した。

長穂設計の丸沼ダム
（建設業界 2019.7 より）

完成から90年以上経過するが、竣工時の姿を現在にとどめ、構造美で頂点の現役施設。物部耐震理論のモニュメントでありつづけている。

物部長穂記念館の設立

　大仙市協和町は、秋田県のほぼ中央部のやや南寄りの仙北平野の北側にある。南に流れる船岡川、荒川が合流して淀川となり、土渕地内で雄物川の上流方向に向かって合流している。協和町は、面積 247.7㎢、人口約 9000 人の典型的な農林業の町。

　明治 22 年（1889）町村制の施行により、荒川村、淀川村、船岡村が成立。峰吉川村は刈和野に合併され、明治 33 年（1900）に分村して峰吉川村となった。昭和 30 年（1955）に 4 カ村が合併して協和村となり、昭和 44 年（1969）4 月 1 日に町制施行される。平成 17 年（2005）3 月、1 市 6 町 1 村が合併して大仙市が誕生した。

　長穂の生家・唐松神社は、協和町のほぼ中央部の旧荒川村。現在、付近一帯は唐松神社をはじめ、中世の館「唐松城」の復元、「物部長穂記念館」など、「まほろば唐松公園」として整備され、協和町の観光名所で、おおくの見物客でにぎわっている。

　平成 4 年（1992）8 月 17 日付けの秋田魁新報社の新聞記事のなかに、見出しが「物部長穂　郷土の先覚顕彰へ　銅像建設委が発足」という記事が掲載された。

　　　わが国の土木工学に輝かしい業績を残した物部長穂（もののべ・ながほ）＝明治 21〜昭和 16 年＝を顕彰しようと、出身地の協和町は「物部長穂工学博士銅像建設委員会」を発足させるとともに、町内外に広く呼び掛け、一般からの寄付金を募っていくことを決めた。今のところ、生家に近い境地区の「まほろば唐松公園」の一角に、銅像と資料館を建設する予定。建設費は約 2 千 500 万円を予定、来年 10 月までに完成させたい、としている。

　佐々木清一協和町長（当時）は、土木工学にたくさんの業績を誇りながら学研肌で、専門が地味な分野のせいもあって、地元はおろか、一般にほとんど知られていないのが実状。博士の生んだ町として、このまま埋もれさせるようなことがあってはならないと考えた、とその顕彰の経緯を語っている。

発足した「銅像顕彰委員会」
は、町内各団体の代表ら29人
で構成され、委員長に佐々木町
長、事務局を町公民館に置くこ
とをきめた。事業計画としては
銅像建立だけでなく、資料館を
併設し、博士の指導に基づく建
築物の写真パネルの製作や遺品
の収集を図っていくことにした。

長穂を顕彰する銅像

　佐々木町長は、長穂の偉大な
る業績の「水理学」や「耐震工
学」の先覚者としの功績を広く
知ってもらい、郷土の誇りとし
たいと考えた。平成4年(1992)
6月中旬、町長は東京の土木学
会を訪ね、その業績を調べるた
めに長穂の著書『水理学』や『土
木耐震学』を開いてみた。水理
学や耐震工学は高等数学の微分方程式など、記号や数式の羅列である。内
容がさっぱり理解できない。顕彰しようにも、しようがない。

　そこはアイディアマンであり行動力抜群の佐々木町長。銅像の建立とと
もに、子供たちや一般の人にも長穂の偉大な先覚者としての足跡や、専門
的な理論が理解できるように、模型やパネルなどで楽しみながら体験学習
できる施設にしようと考えた。そして、佐々木町長は、土木学会の紹介で、
長穂の教え子であり昭和5年（1930）4月から昭和23（1948）年9月ま
で土木試験所に奉職した**本間仁**・東京大学名誉教授らを訪ねて、資料発掘
などの協力を要請し、同意を得る。

　また、長穂の業績があまりに専門的であるため、**高橋裕**・東京大学名誉
教授や、秋田県出身で、昭和36年（1961）11月から翌37年8月まで第
一二代土木研究所長を歴任した**谷藤正三**・建設省顧問から、「銅像顕彰
委員会」の顧問委嘱もお願いした。長穂の業績を楽しみながら体験できる

物部長穂記念館の全景

よう、専門的な立場からのアドバイスを頂こうというもの。

物部長穂顕彰委員会の主要なメンバー構成は次のとおり。

顧　　問	東京大学名誉教授	本間　　仁
	社団法人国土政策研究会長	谷藤　正三
	東京大学名誉教授・芝浦工業大学教授	高橋　　裕
	秋田大学鉱山学部長	徳田　　弘
委 員 長	秋田県協和町長	佐々木清一
副委員長	秋田県協和町議会議長	橋本　五郎
	秋田県協和町助役	小田島光行
事務局長		進藤　孝一

　銅像建立事業は、募金期間が平成4年（1992）12月15日から平成6年（1994）2月15日までで、協賛者数2124名から2千3百27万4590円の寄付金があつまった。

記念館の展示内容

　顕彰の銅像は「物部長穂記念館前」の庭園に建立された。銅像の製作にあたっては、物部家の家族から、人を見おろすポーズにはしてもらいたくない、あまり目立たない場所に建立してもらいたい旨の要望がだされた。その奥ゆかしい人柄が感じられたという。

　銅像は「立体写真像」という技法で写真から製作され、製作の代表者は盛岡公彦。銅像の高さ195cm、重量252kg、台座の高さが70cmで、等身大よりひとまわり大きいサイズ。製作費は台座や池なども含めて約2000万円の事業であった。銅像が建立された物部長穂記念館前の庭園修景は、社団法人東北建設協会（現在の東北地域づくり協会）の公益事業により助成されて造園工事が実施された。

　銅像の除幕式は、物部長穂記念館のオープンと同じ平成6年（1994）4月27日に挙行された。この銅像は三ツ釦のスーツ姿。内務省土木試験所岩渕分室の水理試験所で、水理実験を注意深く観察しているように思えるが、その表情は穏やかである。

　物部長穂記念館は、生家の唐松神社の脇の清流である淀川を挟んだ対岸の「まほろば唐松公園」の一角に建設された。木造平屋建てで、延べ床面積135㎡。長穂の銅像が記念館の入り口で見学者を迎える。

　記念館は、協和町の先覚、長穂の功績を語りつぎ、専門家以外にはなじみの少ない学問のため、これまではあまり一般的ではない分野であった。そこで、町では長穂の功績を顕彰し、多くの人びとに知ってもらうために、この記念館を建設した。また、町では、長穂の顕彰には、町内の青少年の志を高くもってもらい、立志の礎としたいとの願いも込められている。

　記念館は7つのコーナーに分かれており、長穂の生涯や業績を楽しみながら体験学習できるように配置されている。

　○物部長穂とその時代

　　長穂が生きた明治時代から昭和時代初期にかけての海外・国内の社会的な情勢や工業技術、大規模プロジェクトなど、年譜形式で構成されている。土木工学の発展の足跡をたどることができる。

○物部ドクトリン劇場

　　小・中学生でも物部理論がわかるように、立体的な画像のマジック
　　ビジョンで長穂と子たちが登場し、川の流れや洪水などの水理学、
　　多目的ダムなどについて、対話形式でストーリーが展開する。

○設計工房耐震ダム

　　カラーディスプレーの画像を見ながらQ&A形式でダムの仕組みや
　　必要性が解説されている。また、ダムの耐震設計についてもわかり
　　やすく説明している。

○物部理論講座

　　水理学や水系一貫の河川管理計画、多目的ダム論やなど、専門的で
　　難しい理論をパネルによってわかりやすく解説している。

○郷土を守る協和ダム

　　物部理論によって設計された故郷の重力式コンクリートダムがある
　　協和ダムについて、その構造や目的を紹介している。

○物部ポートレート

　　長穂の生涯と足跡をたどり、歴史的価値をもつレポートやエピソー
　　ドなどを綴る。学者としての顔、素顔と私生活をうかがえる。その
　　中央には「我国ニオケル河川水量ノ調節ナラビニ貯水事業」の論文
　　に記述されているに河川に対する基本理念が、

　　　　　　　河川ト言フモノハ、
　　　　　　　ソノ水源ヨリ河口マデ一個ノ
　　　　　　　有機体ヲ成シテオリ、
　　　　　　　ソノ一部ノ状況変化ハ直チニ
　　　　　　　全部ニ影響ヲ及ボスノデアル

　　と、簡潔明瞭ではあるがその考えかたの刻板と、愛用した万年筆が
　　展示されている。

○ミニライブラリー

　　大学時代のノートや大著「水理学」の校正原稿の写しや報告書など、
　　貴重な文献が展示されている。また、秋田県内の直轄、補助ダムを
　　紹介したパネルも展示されている。

この記念館展示には、次の方々が協力されている。

東京大学名誉教授	本間　　仁
〃	岡本　舜三
〃	高橋　　裕
社団法人国土政策研究会会長	谷藤　正三
秋田大学鉱山学部長	徳田　　弘

建設省河川局

　〃　土木研究所

　〃　東北地方建設局

秋田県土木部

神戸市水道局

交通博物館

社団法人土木学会

財団法人河川環境管理財団

社団法人東北建設協会

物部　長興（長穂の長男）

物部　長仁（長穂の甥にあたる第六三代唐松神社当主）

　この記念館建設を契機に、物部家が所蔵していた長穂の遺品に関連する貴重な資料が散逸しないようにと、協和町に寄贈され、この記念館で保管された。

　平成29年（2017）5月、大仙市は強首上野台に「大仙市アーカイブズ」を開設した。この施設は、公文書、地域史料を収集整理、評価選別し、利用、普及をはかる主旨で設置された。物部家から記念館で保管されていたこれらの資料と、別途物部家に保管されていた資料は、現在、「大仙市アーカイブズ」に保管されている。

　平成20年（2008）9月14日、横手市前郷出身の宝井琴桜講談師が横手市ふれあいセンター「かまくら館ホール」において、第30回横手講談の夕べ講演会が、宝井琴桜後援会の主催で開催された。

　琴桜は、昭和40年（1965）5月に田辺一鶴に入門し、昭和60年（1985）6月に講談界で女性初の真打ちに昇進。

　一鶴は、立派な髭と大きく派手なパフォーマンスで一世を風靡した講談師として、人気をはくした芸人。

　琴桜は、平成7年度（1995）に東京女性財団賞受賞。古典のほか各地の伝説や歴史上の女性たちの創作講談や現代世代の男女共同参画をテーマにして積極

講談師・宝井琴桜

的にとして取りあげ、講演活動をおこない活躍している。

　雄物川という心のふる里の大河を縦軸に、川にまつわる歴史上の人物を横軸に、第30回記念講演の集大成として、「雄物川ストーリー」と題して、歴史上の人物として「物部長穂」を題材に講談で紹介した。長穂が関東大震災の被害調査で奮闘する姿を克明に再現して創作。『水理学』の発刊に際して出版社と販売価格で折りあいがつかない経緯などを紹介し、感動的な講演内容であった。

平成 26 年（2014）5 月 24 日、秋田テレビ（AKT）は、1 時間の特別番組を編成。秋田銀行スペシャル－ふるさと秋田再発見シリーズ－「秋田人物伝」である。

この特別番組は、ふるさとの歴史、文化、自然、産業など、秋田に住みながら秋田の良さを見過ごしていることが意外とおおい。秋田人物伝は、現在の秋田に住む人びとに、秋田が生んだ偉人の生涯や功績を紹介しながら「知られざる秋田」を伝

秋田銀行スペシャル　　　　御中

——— ふるさと秋田再発見シリーズ ———

秋田人物伝

～土木工学の第一人者～　物部 長穂

「ふるさと」の歴史、文化、自然、産業など、秋田に住みながら秋田を知らずに過ごしていることは意外に多いもの。

「秋田銀行スペシャル ふるさと秋田再発見シリーズ 秋田人物伝」は、現代の秋田に住む人々に、秋田が生んだ偉人たちの生涯や功績を紹介しながら「知られざる秋田」を伝えることで「ふるさと」を見つめなおし、理解を深め、秋田に元気を呼び起こそうという思いから生まれました。

シリーズ第6弾・2014年度最初の放送は、土木工学の権威 物部 長穂 を取り上げます。

物部 長穂（もののべ ながほ　1888年～1941年）
大仙市（旧協和町）生まれ。旧学校卒下で最年少の工学博士。重力式ダムの具体的設計法を提唱するなど、土木工学の発展に寄与。

《番組内容》
物部長穂は、1888年（明治21年）、大仙市協和にある唐松神社の宮司の子として生まれた。東京帝国大学（現・東京大学）を卒業後、内務省に勤務した長穂は、治水や河川開発のためのダム設計に一貫して従事。水理学と土木耐震学の草分け的存在として、当時のダム工事と河川開発に大きな影響を与える。

長穂は、綿密な実地調査と厳密な研究をもとにした独自の理論で、当時の技術では困難といわれた耐震性の高いダム設計を考案。河川開発に革命をもたらした。その独特な発想によるダム開発事業は、現代の日本のダム設計や治水技術の基礎となっている。

番組では、土木工学の第一人者としての足跡を紹介するほか、酒は飲まず、甘いものを好んだというエピソードなども交えながら、物部長穂の生涯に迫る。

■ 放送日時 ■　2014年5月24日(土) 午後3:00～3:55（予定）

秋田テレビ（AKT）放映
の特別番組『秋田人物伝』

えることで「ふるさと」を見つめなおし、理解を深め、秋田に元気を呼びおこそういう思いから生まれた特別番組。

第 1 回放映は、平成 21 年（2009）5 月に「成田為三＆佐藤卓史」を放映。秋田が生んだ偉人とその偉人と同じ道で平成時代に活躍している人物を紹介。「浜辺の歌」「カナリヤ」など日本人の心に残る数おくの名曲を残した成田為三とシューベルト国際ピアニストコンクールで優勝など国際的にたかい評価をうけ、世界にはばたく昭和生まれの若きピアニスト、佐藤卓史を紹介したもの。

シリーズ第 6 弾を平成 26 年度（2014）の最初の放映。5 月 24 日「土木工学の権威・物部長穂」が取りあげられた。長穂の人物像を中心に、郷土出身者の先覚者の足跡をたどり、その生涯から現在の私たちが学ぶべきことがおおい、という主旨の番組であった。

物部長穂の功績

　長穂のルーツをたどれば、大和朝廷時代、蘇我・物部抗争で歴史の表舞台に登場する物部氏までさかのぼる。物部家に伝承される「物部文書」によれば、長穂は、秋田物部氏の祖・那加世から数えて第六〇代唐松神社宮司・物部長元の二男として誕生。さらに、伝承によれば、物部氏の祖神は、天皇家の祖神とされる天照御大神の血をひく神で、天皇家の霊統に属している、という。

　その生涯は、明治 21 年（1888）7 月 19 日から昭和 16 年（1941）9 月 9 日。短い 53 年間のなかで、主要研究活動期間は、大正 9 年（1920）から昭和 9 年（1934）までのわずか 15 年間の短期間。駆け足の生涯であった。

　長穂は、大正 14 年（1925）10 月の『貯水用重力堰堤の特性並に其合理的設計方法』、翌年に『我が国に於る河川水量の調節並に貯水事業に就て』という論文で水系一貫の河川計画管理と多目的ダム論を提唱した。

　河川を源流域の上流のから、渓流の中流部、扇状地の平野部、海に注ぐ河口までの流域について、本流の大河川から、それに流れこむ支流の中小河川まで、水系一貫で水害を防御するよう計画をすべきである。さらに、河川は一体的、体系的にその機能を維持するよう流域全体で管理しなければならない、河川水は公物である。利水は資源として有効に効率的に活用しなければならない。その手段として河川開発できる多目的ダムの必要性を提唱した。

　国土基盤整備の社会資本としての土木事業が、堤防や遊水池の整備などで、水害が防除できるようになる。これによって、民生の安定や農業の生産性向上、土地造成など、社会経済の進展で工業化がすすむ。製鉄業、重化学、機械工業などの第二次産業が発達し、産業の労働力を支える都市人口が増大する。これらの社会情勢にともない都市用水の需要も増大する。長穂は非凡で、このような社会が変化する将来像を敏感に感じとる嗅覚をもっていた。

　長穂の提案した理念が、新たな視点として「河水統制」「河川総合開発」「国土総合開発」の政策に発展し、継承されていく。今日の経済発展の基

盤である国土の整備が進んだ背景には、長穂は忘れてならない存在の人物である。

　しかし、まだまだ水害防御の治水事業は不十分で、未整備の地域も存在する。本流の大河川の整備はすすんでいるものの、支流の中小河川の整備はすすんでいない。近年の水害の被害状況をみると、中小河川の支流や、本流と支流の合流点での被災がおおく見うけられる。水系一貫の河川計画管理の理念での一層の河川整備が望まれる。

　耐震工学の分野では、大正9年（1920）に『載荷せる構造物の振動並に其耐震性に就て』、大正13年（1924）に『構造物の振動殊に其耐震性に就て』、昭和9年（1934）『地震に因る動水圧を考慮せる重力堰堤の断面決定方法に就て』など、数おくの論文を発表。

　それまで、地震に強い構造物は、荷重にたいしては変形しない「剛構造」が最適と考えられていた。長穂は、構造物を力学的に弾性論で取り扱い、動力学的に数理解析して、変形にたいして追随するような「柔構造物」とする新たな理論を展開した。従来の耐震理論を根本的に転換するもの。さらに、構造物の耐震設計の基本である「震度法」を初めて提案した。これは、地震時の動的な水平力を等価な静的な横力として置きかえる。構造物の鉛直力に「設計震度」を乗じたものを静的水平力として与えることにより、地震時の安全性は確保できるとういもの。

　物部耐震理論によって、地震大国の日本でありながら、超高層建築物や100mをこえるハイダムの建設が可能となった。

　平成7年（1995）1月の「兵庫県南部地震」（阪神淡路大震災）は、都市型災害として甚大な震災であった。この地震の主要動の地震波周期は1sec。木造家屋の固有振動周期も約1secで、この地震の周期帯はキラーウエーブと呼ばれ、木造家屋にとっては最も厳しい条件の地震波。長穂が提案した「震度法」が導入された昭和56年（1981）制定された「新耐震基準」により設計された建築物は、地震の揺れによる被害はほとんどまぬがれている。旧基準の構造物や建築物が壊滅的な打撃をうけた。物部耐震理論が実証された。平成23年（2011）3月の「東北地方太平洋沖地震」（東日本大震災）では、地震波の主要周期は0.5sec。屋根瓦の落下はみられたが、建物の被害は軽微であった一方で、津波により未曽有の被災をうけた。

令和2年（2020）7月に国土交通省が発表した「流域治水」の考えかたが示された。土砂災害など危険がある地域は、開発の規制や住宅移転も促進。調整池、ビルの地下貯留施設整備、既存のため池や田んぼの貯水機能の活用。農業用、発電用の利水ダムの事前放流など。流域全体で取りくむ必要があるとしている。また、災害が発生することを前提に、あらじめ復興のために準備しておく「事前復興」の概念が示された。災害後の復興時に、仮設住宅の用地、集団移転地の事前準備などでコミュニティ崩壊の回避など、被災地の早期復旧や復興、再生を早期の実現しようとするもの。ここでも、流域全体で災害の被害軽減に取りくむという長穂の理念が継承されている。

　長穂は、水理学や耐震工学の学術研究の分野で顕著な功績を残した。科学的真理の知見から、理論的に裏づけされた技術論を展開した。技術論を支えた背景には、科学の出発点である哲学的思考がその基底にあった。生家は神社である。人間は万物を構成する自然界の一部でしかない。自然と共存し、平和を希求し安寧を願う思考が根底にある。進展する社会状況を敏感に予見する先見性をもっていた。技術論のあたえる社会的影響に目をむけた広い視野である。社会への影響という点では、水理学も耐震工学もおなじ視点であったことは偶然ではなく、探求する分野はおなじであった。

　技術論のみならず、管理主体の充実と連携、技術と社会の関係性にも着目し、将来の国家像を描き、進むべき方向性を政策提案した。その学術成果の技術論や河川行政の根幹をなす基本理念が、いま再評価され、継承されていくべき方向性を指し示している。

　高等教育をうけた多数の技術官僚とは一線を画した河川技術者、地震学者である。子弟を育て、後継者がその後の指導的地位で活躍した。長穂の教えを継承し、その後の土木工学界の発展に尽くした人材を数おおく排出した。このことが、別の意味で評価すべき大きな足跡でもある。

　長穂のこのような技術論、理念は、社会のなかの技術、社会のための技術であり、安全な社会生活に貢献することから、「社会技術」と呼びたい。

　今から90年前に公刊された『水理学』、『土木耐震学』をはじめ、各種論文など、これらの業績は色あせることなく輝いて、その後の道しるべとなっており、科学、技術、行政政策の原点になっている。　長穂の歩んだ

道をたどると、時代が求めて誕生し、時代が必要とする時期に、時代の要請にこたえて業績を残し、その後の時代に大きな影響をあたえた人物である、といえる。

　長穂の生き方や理念から、おおくの学ぶべきものがある。目標にむかって、自らが求めてたゆまぬ努力をおしまず、高い志もって、ことにあたることが肝要であること。現代世代の我々に、生活の土台となっている自然と人間の関係性を見つめなおし、ありのままに受けいれる。時をきざみ、時間を積みかさねてきた先人が歩んだ足跡、言いかえれば歴史を振りかえり、将来の方向性を展望し、見極める。人間性を豊かにする素養を身につけ、多様な価値観を認めあい、高い倫理観の必要性を求めている。幅ひろい視野で社会に目をむけ、社会に貢献する姿勢の重要性のメッセージをおくっている、といえるだろう。

物部長穂の年譜

年　　代	記　　　　事
明治21年（1888）	7月19日、長穂（ながほ）誕生。父長元、母寿女（スメ）の2男とし生まれる。父長元は第60代唐松神社宮司。秋田県大仙市協和町境下台84（旧荒川村27番地）。 　　7男4女の11人きょうだい。 　　　長女（サチ）、2女（ムメ）、長男（長久）、2男（長穂）、3女（ホキヨ）、3男（長鉾）、4男（長雷）、5男（長照）、6男（長武）、4女（綾）、7男（長祝）
明治27年（1894）	8月25日、秋田県内大水害。特に雄物川水系が甚大で、死者330名、家屋浸水18,947戸、全壊流失1594戸、荒廃田2,029町歩。 10月22日、「酒田地震」発生。M7.0、死者726人、全潰3858戸、半壊2397戸、全焼2148戸。
明治29年（1896）	4月8日、「河川法」公布（法律71） 6月15日、「明治三陸沖地震津波」発生。M8.2、死者21959人、家屋流失全半壊8〜9千戸、津波高は大船渡綾里で38.2mを記録。 8月31日、「陸羽地震」発生。M7.2、死者209人、全潰5792戸。川舟断層・千屋断層が発生する。 朝日尋常小学校を卒業する。
明治36年（1903）	秋田中学校を卒業する。
明治41年（1908）	7月1日、官立第二高等学校（東北大学の前身）を卒業する。
明治44年（1911）	7月11日、東京帝国大学工科大学土木工学科を首席で卒業し、恩賜の銀時計を拝受する。卒業論文は『CalculationforDesigningBantaiBashiatNiigataPart1』（新潟万代橋予備設計）。 卒業後、鉄道院総裁官房勤務（橋梁関係）技手となり信濃川鉄道橋の新潟万代橋の詳細設計にあたる。 12月27日、尾崎三良（さぶろう）の五女元子と結婚。三良は華族（男爵）で法制局長官などを歴任。
大正元年（1912）	8月17日、内務省土木局の技師となり、河川改修工事関係の実務を担当する。
大正2年（1913）	7月9日、内務省東京土木出張所に異動する。 東京帝国大学理科大学に再編入し、理論物理学を学び、理学士の称号を得る。 東京帝国大学の助教授を兼任する。
大正3年（1914）	3月15日、「強首地震」発生。M7.1、死者94人、家屋全壊640戸。震源は長穂の生家から約18km。
大正8年（1919）	12月24日、内務省土木局に異動する。
大正9年（1920）	4月21日、ドイツ・フランス・イギリス・アメリカの先進土木技術を視察する。 4月27日、『構造物の振動並に其の耐震性に就て』の学位論文を母校の東京帝国大学に提出し、構造・耐震工学に多大の貢献があると認められ、工学博士の学位を授与される。 8月、『載荷せる構造物の振動並に其の耐震性に就て』（土木学会誌第6巻第4号）を発表し、第1回土木学会賞を受賞する。 12月26日、内務省から「勤務格別勤勉につき」特別賞与として金30円が授与される。
大正11年（1922）	9月30日、内務省土木試験所が創立される。
大正12年（1923）	5月28日、「震災予防調査会」の委員に内閣から任命される。 9月1日、「関東大震災」が発生。綿密で科学的な被害調査や写真撮影を行う。のちにこの詳細な被害報告書は、地震被害調査書の手本となる。

大正13年 （1924）	『構造物の振動殊に其の耐震性に就て』の論文を発表する。
大正14年 （1925）	3月25日、同論文が「地震学上先人未到ノ地域ヲ開発セシモノ」と評価され、第15回帝国学士院から恩賜賞が授与される。 5月13日、文部省学術研究会議会員となる。 10月、『貯水用重力堰堤の特性並に其の合理的設計方法』（土木学会誌第11巻6号）の論文を発表し、多目的ダム論を提唱する。 11月4日、「震災予防評議会」の委員に内閣から任命される。
大正15年 （1926）	2月5日、東京帝国大学教授を兼任し土木工学第6講座（「河川工学」）を担当する。 5月31日、第3代内務省土木試験所長に勅任される。 土木試験所岩淵分室に水理試験所を設立する。
昭和2年 （1927）	『我が国に於る河川水量の調節並に貯水事業に就て』の論文を発表し、水系一貫の河川計画管理を提唱する。
昭和3年 （1928）	6月23日、文部省学術研究会議工学研究員幹事に就任する。 11月13日、内閣都市計画神奈川地方委員に就任する。 土木試験所岩淵分室の水理試験所で量水堰検定を行い、以後水理実験が次々に行われる。
昭和4年 （1929）	8月15日、耐震設計理論の成果の一つとして、「耐震池壁」で特許を取得した。 7月から9月の期間、物部土木試験所長の指導のもとに、岩淵分室の水理試験所で我が国初の水理実験「北上川転動堰模型実験」が実施される。
昭和6年 （1931）	5月11日、国際材料試験協会会員になる。 6月3日、世界動力会議大堰堤国際委員会日本国内委員会専門委員に就任する。
昭和8年 （1933）	2月1日、日本学術振興会土木建築委員会委員長に就任する。 3月3日、「昭和三陸沖地震」発生。死者・不明者3064人、家屋流失4034戸、倒潰1817戸、浸水1817戸、津波高は大船渡綾里湾で28.7mを記録。 　このころから、土木試験所で耐震工学の調査研究が精力的に取りくまれる。 6月13日、米国土木学会会員となる。米国道路技術者協会名誉会員に推薦される。 二大著書『水理学』（岩波書店）、『土木耐震学』（常盤書房）を公刊する。
昭和9年 （1934）	4月19日、日本学術振興会耐震研究委員会設立、同委員会委員長に就任する。 5月11日、米国材料試験学会会員になる。 『地震に因る動水圧を考慮せる重力堰堤の断面決定法』の論文を発表し、重力式コンクリートダムの耐震設計理論を確立し、以後、ハイダム建設の幕開けとなった。 9月7日、持病（痔病）悪化のため手術する。 9月9日、父長元逝去する。葬儀のため帰郷する。 11月29日、日本学術振興会東北災害委員会委員に就任する。
昭和10年 （1935）	1月12日、米国軍事土木会会員になる。 4月9日、日本学術振興会大阪地方災害考査委員会委員に就任する。 5月6日、原材料に関する用語統一調査委員に就任する。 11月5日、利根川治水専門委員に就任する。 12月14日、日本学術振興会災害科学研究会委員に就任する。 12月31日、日本学術振興会土木建築委員会委員長を辞任する。（任期満了）
昭和11年 （1936）	3月2日、東京帝国大学教授を勇退し、宮本武之輔に「河川工学」講座を譲る。 11月7日に内務省を退職。土木試験所長を後任の藤井真透に譲る。
昭和12年 （1937） ～	退官後も、東京市、東京電灯などのダム建設顧問、万国学術委員会第五部委員長など活躍の場が求められた。また、海外の最新技術の関係論文を紹介し、土木・水理学・耐震工学の基礎理論発展に尽力した。
昭和16年 （1941）	9月9日逝去。享年53歳。従三位勲三等を授与される。

物部長穂主要論文リスト

発表年代	論文名及び出版物名称	出典文献等
1911　（明治44）	Calculation for Designing Bantai Bashiat Niigata Part1（卒業計画・新潟萬代橋予備設計）	卒業論文
1917. 4（大正6）	八ツ山橋橋梁討議	土木学会誌 第3巻第2号
1917. 6（大正6）	河川に於ける不定流に就て	土木学会誌 第3巻第3号
1917.12（大正6）	再び河川に於ける不定流に就て	土木学会誌 第3巻第6号
1918. 4（大正7）	湿潤作用に対する土堤の安定性に就て	土木学会誌 第4巻第2号
1919. 6（大正8）	塔状構造物の振動並に其の耐震性に就て	土木学会誌 第5巻第3号
1920. 8（大正9）	載荷せる構造物の振動並に其の耐震性に就て（第1回土木学会賞を受賞）	土木学会誌 第6巻第4号
1920　（大正9）	構造物の振動並に其の耐震性に就て（学位論文・工学博士を取得）	
1921. 8（大正10）	吊橋の振動並に其の衝撃作用に対する関係	土木学会誌 第7巻第4号
1921.12（大正10）	変断面塔状体の自由振動周期算定法（Eigenschwingungen Eingespannter Stabvon Verander-lichem Querschnitt）	Z.A.M.M.1921
1922. 6（大正11）	フランスに於ける戦跡復旧事業に就て	土木学会誌 第8巻第3号
1923. 6（大正12）	繋拱橋に就て（1）	土木建築雑誌 第2巻第6号
1923. 7（大正12）	繋拱橋に就て（2）	土木建築雑誌 第2巻第7号
1923. 8（大正12）	繋拱橋に就て（3）	土木建築雑誌 第2巻第8号
1923.10（大正12）	関東大地震に就て	土木建築雑誌 第2巻第10号
1924　（大正13）	繋共橋の設計法	土木建築雑誌 第3巻
1924. 2（大正13）	橋桁の振動並に其の衝撃作用との関係に就て（討議）	土木学会誌 第10巻第1号
1924. 4（大正13）	地震動による構造体の振動時相に就て（討議）	土木学会誌 第10巻第2号
1924.10（大正13）	地震上下動に関する考察並に振動雑論	土木学会誌 第10巻第5号
1924.10（大正13）	神戸市上水道堰堤耐震性調査	
1924　（大正13）	構造物の振動殊に其耐震性の研究（第15回帝国学士院恩賜賞が授与された）	
1925.10（大正14）	貯水用重力堰堤の特性並に其合理的設計方法（多目的ダム論を提唱）	土木学会誌 第11巻第5号
1926.10（大正15）	地震時に於ける土圧に関する研究	土木建築雑誌 第5巻
1926　（大正15）	我が国に於ける河川水量の調節並に貯水事業に就て（多目的ダム論を提唱）	
1927.10（昭和2）	瀝青材料標準試験方法	内務省土木試験所報告 第8号
1927.10（昭和2）	石材類標準試験方法	内務省土木試験所報告 第8号
1928. 7（昭和3）	貯水に依る治水及び利水に就て	水利と土木 第1巻第1号
1928. 7（昭和3）	ローリング・ダム堰体に関する研究	水利と土木 第1巻第1号

1928. 8（昭和 3 ）	支壁式鉄筋混凝土堰堤の耐震性に就て	東京帝国大学地震研究所彙報 第 5 号
1929　（昭和 4 ）	地震時に於ける土圧力の計算に就て（共著）	万国工業会議論文集 1
1929. 1（昭和 4 ）	ローリング・ダムの堰体設計法（1）	水利と土木 第 2 巻第 1 号
1929. 2（昭和 4 ）	ローリング・ダムの堰体設計法（2）	水利と土木 第 2 巻第 2 号
1939. 3（昭和 4 ）	ローリング・ダムの堰体設計法（3）	水利と土木 第 2 巻第 3 号
1929. 4（昭和 4 ）	ローリング・ダムの堰体設計法（4）	水利と土木 第 2 巻第 4 号
1929. 8（昭和 4 ）	剛結横副応力の新算定法	土木学会誌 第15巻第 8 号
1929. 9（昭和 4 ）	ローリング・ダムの堰体設計法（5）	水利と土木 第 2 巻第 9 号
1929.11（昭和 4 ）	重力堰堤の内部応力算定法（1）	水利と土木 第 2 巻第11号
1930. 1（昭和 5 ）	重力堰堤の内部応力算定法（2）	水利と土木 第 3 巻第 1 号
1930. 1（昭和 5 ）	立案者の見たる橋梁細則案	道路の改良 第12巻第 1 号
1930. 2（昭和 5 ）	北上川降開式転動堰模型実験（共著）	内務省土木試験所報告 第15号
1930. 6（昭和 5 ）	伊太利貯水用堰堤条令に就て（1）（共著）	水利と土木 第 3 巻第 6 号
1930. 7（昭和 5 ）	伊太利貯水用堰堤条令に就て（2）（共著）	水利と土木 第 3 巻第 7 号
1930. 8（昭和 5 ）	伊太利貯水用堰堤条令に就て（3）（共著）	水利と土木 第 3 巻第 8 号
1931　（昭和 6 ）	石工堰堤の耐震構造に就て －Earthquake－Proof Construction of Masonry Dam－	万国工業会議論文集 9
1931. 6（昭和 6 ）	背水曲線の一般的解法	土木学会誌 第17巻第 6 号
1931. 6（昭和 6 ）	背水曲線の一般的解法（共著）	内務省土木試験所報告 第21号
1932. 6（昭和 7 ）	応用地震学（高等土木第 1 巻・書房）	
1932. 6（昭和 7 ）	背水曲線の一般的解法並びに実験	土木学会誌 第18巻別冊
1932. 6（昭和 7 ）	河道改良と河床変化	水利と土木 第 5 巻第 6 号
1931.12（昭和 7 ）	地震時土圧の実験的研究（英文・共著）	東京帝国大学地震研究所彙報 第10号
1933　（昭和 8 ）	水理学（岩波書店）	
1933. 3（昭和 8 ）	土木耐震学（常盤書房）	
1934. 1（昭和 9 ）	地震に因る動水圧を考慮せる重力堰堤の断面決定法に就て	水利と土木 第 7 巻第 1 号
1934. 3（昭和 9 ）	地震に因る動水圧を考慮せる重力堰堤の断面決定法	内務省土木試験所報告 第26号
1934. 3（昭和 9 ）	建築構造物の終局の耐震力に就て	東京帝国大学地震研究所彙報 第12号
1934. 9（昭和 9 ）	独逸及び佛蘭西に於ける土木の概念とその組織	水利と土木 第 7 巻第 9 号
1935.10（昭和10）	伊太利モラーレ重力堰堤の決潰	水利と土木 第 8 巻第10号
1936. 5（昭和11）	支那白河の洪水その治水策	水利と土木 第 9 巻第 5 号
1936. 8（昭和11）	パナマ運河給水用マッテン貯水池並に堰堤	水利と土木 第 9 巻第 8 号
1936. 9（昭和11）	雨量と洪水流量	水利と土木 第 9 巻第 9 号
1936.10（昭和11）	最近に於ける米国の治水問題	水利と土木 第 9 巻第10号
1936.11（昭和11）	米国ノリス堰堤並に発電所	水利と土木 第 9 巻第11号
1936.12（昭和11）	土堰堤の耐震性（共著）	第 2 回国際第堰堤会議提出並に国内研究論文集（動力協会）

1937. 1 （昭和12）	米国フォート・ペック土堰堤	水利と土木 第10巻第1号
1937. 2 （昭和12）	米国に於ける堰堤工事二・三	水利と土木 第10巻第2号
1937. 3 （昭和12）	瑞西国オーバーハスリーのスピッタール・ランム堰堤（訳）	水利と土木 第10巻第3号
1937. 4 （昭和12）	国際堰堤会議に於ける細部構造事項・南支シンムン堰堤其他	水利と土木 第10巻第4号
1937. 5 （昭和12）	英国ガロウェー水力発電（1）	水利と土木 第10巻第5号
1937. 6 （昭和12）	英国ガロウェー水力発電（2）	水利と土木 第10巻第6号
1937. 7 （昭和12）	土堰堤材料の選択（訳）	水利と土木 第10巻第7号
1937. 8 （昭和12）	ヴァレスト土堰堤工	水利と土木 第10巻第8号
1937.11 （昭和12）	遊水池に依る支那黄河の洪水調節	水利と土木 第10巻第11号
1938. 1 （昭和13）	優秀なる混凝土混合機の必要（訳）	水利と土木 第11巻第1号
1938. 2 （昭和13）	大ナイル河筋の諸堰堤の完成（訳）	水利と土木 第11巻第2号
1938. 3 （昭和13）	米国スカージット河の利水事業（訳）	水利と土木 第11巻第3号
1938. 4 （昭和13）	グランド・クリー高堰堤	水利と土木 第11巻第4号
1938. 6 （昭和13）	北米フラット・ヘッド・レークの動力用堰堤	水利と土木 第11巻第6号
1938. 7 （昭和13）	米国オハイヨ河の大洪水とその洪水調節	水利と土木 第11巻第7号
1938. 8 （昭和13）	ミシシッピー河下流部に起った1937年の高水	水利と土木 第11巻第8号
1938.11 （昭和13）	ミシシッピー河沿岸の幹線大道路（訳）	水利と土木 第11巻第11号
1938.12 （昭和13）	米国に於けるトリボロー橋	水利と土木 第11巻第12号
1939. 2 （昭和14）	米国カルホルニヤ沿岸地方の平低地は洪水に依って席巻さらわれた	水利と土木 第12巻第2号
1939. 3 （昭和14）	ミシシッピー河の洪水統制工事	水利と土木 第12巻第3号
1939. 6 （昭和14）	米国ソールトレーク市の新給水工事	水利と土木 第12巻第6号
1939. 7 （昭和14）	グリーンマウンテン堰堤	水利と土木 第12巻第7号
1951.11 （昭和26）	『水理学』（昭和8年『水理学』の増補改訂版）	
1952. 9 （昭和27）	土木耐震学（理工図書）（昭和8年『土木耐震学』の再刊）	
1972.11 （昭和47）	物部水理学（岩波書店）（昭和8年『水理学』の増補改訂版）	

参考文献

川村公一：『物部長穂』　無明舎出版　1996 年 10 月

進藤孝一：『秋田「物部文書」伝承』　無明舎出版　1984 年 1 月

春日儀夫：『鶴岡の歴史』　エビスヤ書店　1984 年 4 月

『菅江真澄全集』第 7 巻：「月の出羽路」　未来社　1978 年 5 月

長山幹丸：『秋田の先覚』第 5 巻　「物部長穂」　pp.124〜135　秋田県　1971 年 10 月

建設省土木研究所編纂：『土木研究所五〇年史』　建設省土木研究所　1974 年 9 月

史料編纂委員会：『東北地方における土木事業近代化の先覚者像』　社団法人東北建設
　　　　　協会　1996 年 9 月

国土政策機構編：『国土を創った土木技術者たち』　鹿島出版会　2000 年 2 月

松浦茂樹：『明治の国土開発史』　鹿島出版会　1992 年 3 月

篠原　修：『河川工学者三代は河川をどう見てきたのか』　農文協　2018 年 3 月

大熊　孝：『洪水と水害をとらえなおす』　農文協　2020 年 5 月

岡本芳美：『緑のダム、人工のダム』　亀田ブックサービス　1995 年 3 月

『理科年表』：東京天文台編纂　丸善　2019 年度版

大淀昇一：『技術官僚の政治参画』　中央公論社　1997 年 10 月

松浦茂樹：『戦前の河水統制事業とその社会的背景』　土木史研究会論文集　1985 年 6 月

佐々木悟郎：『土木・建築偉人伝』p45　建設業界　2019 年 7 月

佐々木力：『科学論入門』　岩波書店　1996 年 8 月

小林信一：『社会技術論』　放送大学教育振興会　2012 年 3 月

『物部長穂と協和町』：国づくりと研修 pp.8〜15　1994 年 10 月

川村公一：『地震と建設工学』　無明舎出版　2021 年 8 月

川村公一：増補改訂『物部長穂』　無明舎出版　2023 年 1 月

秋田魁新報社新聞記事

　明治改元 100 周年の節目に、「日本人の心の世界に、明治に見られる一貫した何かが欠けている」、「先人の苦心経営の事績をしのぶことは民俗の生命の生成発展に向け意義深い」という政府の事業方針が示された。秋田県も政府の方針をうけ「郷土の先覚、偉人、学問、徳行等を研究、顕彰」することを目的に事業化される。編纂委員会を組織して 147 人の人物が選定され、107 人の執筆陣で刊行。第 1 巻は明治改元 100 周年にあたる昭和 43 年（1968）。3 カ年かけて 5 巻を発刊。掲載された 147 人は、近代化に貢献した秋田県出身者で、故人であることが選定基準とされた。

　その第 5 巻、「『秋田の先覚』－近代秋田をつちかった人びと－」（昭和46 年・1971.10）のなかで、「物部長穂」（124～135 ページ）を長山幹丸が執筆した。

　長穂に関する人物紹介した著作を可能なかぎり探索したが、唯一この著書であった。ほとんどが、これから引用、孫引きされていた。長山は、郷土の先覚者、偉人として、長穂の生涯に焦点をあてて執筆しているが、業績の評価については触れられていない。

　秋田県立博物館には「秋田の先覚記念室」があり、常設展示されている。平成 8 年（1996）4 月オープンし、四つの分野のコーナーがある。「学術」、「教育・スポーツ・芸能文化」、「経済産業」、「地域開発」の部門。学術の分野では、ゲーテ研究の権威である**木村謹治**、土木工学の新たな分野を開拓した**物部長穂**、芸能文化では近代舞踊の第一人者の**石井漠**などを紹介。先覚者の業績や人物をとおして、秋田に住む人びとに、秋田が生んだ偉人の生涯や業績を紹介し、地域を見つめなおし、理解を深め、自信と誇り、高い志をもってもらおう、という主旨で展示されている。

　長穂を紹介した評伝、書籍、論文はきわめて少ない。そのなかで、長穂という人物を深く知るうえで、残された業績、当時の社会状況などの周辺領域からたぐり寄せることにより、より本質的に人物像を紹介しようと試みた。

　長穂の姿を鮮明に描くには、土木工学や耐震工学、地震学など学術的な

業績が歴史的にどのように評価されているのか。当時の社会的な背景や、その後の我が国の社会経済の発展にどのように影響をあたえたのか。総合的に評価し、紹介することが不可欠と考えた。

　長穂が選択した水理学や耐震工学は、自然科学、物理学を基礎理論とする技術の分野。連続体力学、弾性論などは、微分積分、解析学など高等数理学を基本理論として、数式や関数で表現される。このため、一般の人にはなじみが薄い。

　このため、できるだけ写真や図表、残された関連資料で、分かりやすいように図説で構成するよう心がけた。

　本文は川村公一の責任で編集した。物部長穂の詳細については『増補改訂 物部長穂』（無明舎出版・2023.1）で紹介しているので、興味あるかたは、こちらを参考にして頂けば幸いである。

　写真の一部は初瀬武美さんから提供していただいた。日本写真協会会員で各種コンテストに多数入選・入賞しているカメラマン。秋田県民俗学会会員。近著に仏像やハスをテーマの撮影した『仏教・蓮華（ハス）』（2022.8）などがある。あきた芸能のつどいの会会長、（社）ワールドスケートジャパン副会長（秋田県ローラースケート連盟会長）など秋田県の地域芸能、文化活動の中心的役割をになって活躍している。現在、創和技術（株）取締役会長。

　長穂に関する資料整理は蓮沼素子さんほか、大仙市アーカイブズの皆さんで行われている。物部家に所蔵されていた雑誌、専門誌、図書など、長穂の寄贈資料は、以前「物部長穂記念館」に保管されていた。所蔵資料は、歴史的にも学術的にも第一級の貴重な史料が含まれている。現在、大仙市強首にある「大仙市アーカイブズ」に移管されている。地域共有の財産として保存活用するため、長穂が所蔵していた図書など関連資料約 1500 点が分類整理されている。長穂に関する資料閲覧、写真撮影にあたっては、同館の協力のもとにおこなうことができた。

　取材協力では、物部長仁第 63 代当主（長穂は叔父にあたる）から貴重なご意見やご協力をいただいた。また、友人の二方征捷（八郎潟町）にも協力いただいた。

　また、本著は無明舎出版の安倍甲舎主の特段の配慮で出版することがで

きた。
　以上の関係者に謝意を表することを記す。

著者略歴

川村 公一（かわむら・こういち）

1950年生まれ。東京理科大学理学部物理学科卒業、秋田大学大学院工学資源学研究科後期博士課程修了
建設省、国土交通省 土木研究所河川部、秋田河川国道事務所、湯沢河川国道事務所、河川国道事務所、森吉山ダム工事事務所など
現在、創和技術（株）技術管理職
博士（工学）、技術士（建設部門）

主な著書 「環境論ノート」「北緯四〇度の秋田学」「地震と建設工学」「増補改訂 物部長穂」（いずれも無明舎出版）、「川で実践する」共著（学芸出版社）など

取材・撮影協力
　初瀬武美
　二方征捷
　物部長仁
　物部長穂記念館
　大仙市アーカイブズ

図説 物部長穂

発行日　2023年1月20日　初版発行
定　価　1540円〔本体1400円＋税〕
著　者　川村公一
発行者　安倍　甲
発行所　㈲無明舎出版
　　　　秋田市広面字川崎112-1
　　　　電話（018）832-5680
　　　　FAX（018）832-5137
組　版　有限会社三浦印刷
印刷・製本　株式会社シナノ

ISBN978-4-89544-679-2

川村公一の本

北緯四〇度の秋田学

A5判・193頁　定価1870円〔1700円＋税〕

地勢や自然環境を軸に据えて地域多様性の背景を多面的、重層的に切り取る。秋田の状況から歴史、動植物、伝説や地域遺産までを網羅した「地域学」へのいざない。

地震と建設工学 —現場の経験知からの提言—

A5判・172頁　定価1980円〔1800円＋税〕

地震発生のメカニズムと科学的知見、歴史に刻まれた災害の記録、風土・環境などの地誌的な視点……。被災体験や復興から先人たちの経験知に学び、科学者や技術者の苦悩を将来世代に伝承する。防災技術の向上、命を守る避難行動への道しるべの一書。

増補改訂 物部長穂

A5判・238頁　定価2420円〔2200円＋税〕

大正から昭和初期にかけて「水理学」という新しい学問を体系づけ、「耐震工学」という前人未到の学問分野を開拓した、土木工学の父と呼ばれる人物の生涯を活写する。生い立ちから人となり、そして学問の軌跡、年譜までを収載する。